I0067283

ARREST

RENDU
PAR SA MAJESTÉ
EN SON CONSEIL ROYAL,

SUR L'AVIS DE MONSEIGNEUR
l'Archevêque de Paris, & de Messieurs Poncet,
Boucherat , & de Contes Doyen de l'Eglise de
Paris , Conseillers d'Estat ordinaires, Commis-
saires à ce Députez.

ENTRE les Doyen, Chanoines & Chapitre de l'Eglise Royale
& Collegiale de Saint Germain l'Auxerrois à Paris.

ET les Chapelains desservans au Chœur de ladite Eglise ; l'Université
de Paris , & Autres.

SERVANT de Reglement pour la Discipline & la Célebration du
Service Divin : Lequel Arrest confirme l'Affectation des Chapelles
desservies audit Chœur en faveur des Vicaires Choristes , sans
pouvoir estre resignées à l'avenir : Ensemble l'Union de deux
Chapelles pour l'entretien des Enfans de Chœur.

Le quatorziéme jour du mois de Novembre
M. DC. LXXVI.

EXTRAIT DES REGISTRES DU CONSEIL
d'Estat.

VU au Conseil du Roy, Sa Majesté y étant, l'Arrest rendu en iceluy du 2 Mars 1671, par lequel tous les differends pendans au Parlement de Paris entre les Doyen, Chanoines & Chapitre de l'Eglise Royale & Collegiale de S. Germain l'Auxerrois à Paris : Et les Chapelains de ladite Eglise, circonstances & dépendances, auroient esté renvoyez pardevant les sieurs Archevesque de Paris, Poncet, Boucherat, & de Contes, Conseillers ordinaires de Sa Majesté en ses Conseils, pour juger & terminer tous leurs differends diffinitivement, & pourvoir à la discipline de ladite Eglise, & ordonné que ce qui seroit par eux jugé, seroit executé, nonobstant oppositions ou appellations quelconques, dont si aucunes intervenoient, Sa Majesté s'en seroit reservé la connoissance, & icelle interdite à tous autres Juges, avec défenses aux Parties de procéder ailleurs, signifié ausdits Chapelains les seize dudit mois de Mars, & quatre Fevrier 1673. Autre Arrest dudit Conseil du 20 Avril audit an 1671, par lequel Sa Majesté auroit évoqué à soy & à sa Personne tous les procès & differends des Parties pendants audit Parlement de Paris, & en consequence ordonné qu'elles remettroient incessamment ès mains dudit sieur Boucherat toutes les Pieces, Memoires, Titres & Procedures concernant leurs differends, circonstances & dépendances, pour après en avoir communiqué avec lesdirs sieurs Archevêque de Paris, Poncet, & de Contes, & sur iceluy donné leur avis, & rapporté à Sa Majesté, estre pourveu sur leurs differends, ainsi qu'il appartiendroit par raison, signifié ausdits Chapelains les 13 Juin audit an & quatre Fevrier 1673. Autre Arrest dudit Conseil, du 10 Juillet audit an 1671, portant que Maître Charles Colombet Chanoine, Doyen de l'Eglise Cathedrale de Metz, & cy-devant Chanoine de ladite Eglise de Saint Germain l'Auxerrois, & Maître Nicolas de la Fosse, Chapelain, & autres Chapelains de ladite Eglise de Saint Germain, conformément ausdits Arrests des 2 Mars & 20 Avril audit an 1671, procederoient audit Conseil sur les differends qu'ils avoient à l'encontre desdits Doyen, Chanoines & Chapitre dudit Saint Germain l'Auxerrois ; pour cet effet qu'ils seroient tenus de remettre leurs Titres &

A

Papiers ès mains dudit sieur Boucherat, pour après en avoir communiqué ausd. sieurs Archevêque de Paris, Poncet, & de Contes, leur estre fait droit, ainsi qu'il appartiendroit, & défenses auxdits Colombet, & de la Fosse de faire aucunes Procedures pour raison desdits differends ailleurs qu'audit Conseil, à peine de nullité, cassation de Procedures, trois cens livres d'amende, dépens, dommages & interests, signifié le 14 dudit mois de Juillet. Copie collationnée d'une Chartre de Maurice Evêque de Paris de l'an 1183, par laquelle il auroit fait & reglé une distribution qui se faisoit au temps de Carême égale entre les Chanoines de ladite Eglise de Saint Germain, les Vicaires, & les Clercs d'icelle assistans tous assiduëment à l'Office Divin. Autre Copie collationnée de Lettres du mois de Septembre 1271 données par lesd. Doyen & Chapitre de ladite Eglise, par lesquelles il paroît que les Maisons, Domaines & Revenus annuellement concedez à la Communauté de lad. Eglise, la plûpart dans son Cloistre, ont esté amortis par ledit Chapitre comme estant dans sa Seigneurie. Copie de fondation acceptée par ledit Chapitre en 1189 de deux Chapelles pour deux Prestres, qui diront la Messe à l'Autel de Saint Nicolas de ladite Eglise, à condition qu'ils ne pourroient avoir ni Prebendes ni Vicaireries en ladite Eglise, qu'elles ne seroient desservies que par des Prestres qui fourniroient les Ornemens ; pour la nourriture desquels André Chambellan du Roy Philippes Auguste avoit donné des Vignes, & une Dixme au village de Chenneviéres, & qu'après la mort de ceux qui en auroient esté lors pourvûs, le Chapitre pourroit y pourvoir. Acte du 15 Octobre 1653, par lequel Claude Courtois auroit promis aux sieurs Germain & Chevreüil de les acquitter envers le Curé de Chenneviéres du Gros qu'il leur demandoit sur les Dixmes qui leur appartenoient audit lieu. Copie de Fondation de l'an 1204 de cinquante livres Parisis faite par Marie Nave à un Prestre qui celebreroit la Messe en ladite Eglise de Saint Germain, dont le Chapitre y pourvoiroit après la mort de ladite Fondatrice. Acte de l'an 1237, par lequel il paroît que les deniers donnez pour ladite Fondation, auroient esté mis à rente sur des Maisons y mentionnées, & que c'étoit pour la Chapelle fondée à l'Autel de S. Jean-Baptiste. Autre Copie de Fondation faite en 1242 par Renaut de Clamart d'une Chapelle à l'Autel de Saint Jacques de ladite Eglise, & de donation de 40 sols Parisis de rente, à prendre sur une Maison sise ruë des Noyers. Autre Copie collationnée d'une autre Fondation du 2 May 1368 faite par Jean Taillefer en execution du Testament de Robert l'Ecrivain, d'une Chapelle en ladite Eglise à l'Autel de la Vierge, de Saint Jean Baptiste, & de Sainte Catherine, & de trente livres de rente pour la nourriture du Chapelain, à la charge de dire trois Messes par semaine audit Autel, & que la pleine collation de ladite Chapelle appartiendroit audit Chapitre, qui auroit en Assemblée Capitulaire accepté ladite Fondation. Autre Copie de Fondation d'une Chapelle en ladite Eglise du 6 Septembre 1393 faite par Geneviéve de Pacy à l'Autel de la Trinité, & de donation de 24. liv. de rente, à la charge de dire quatre Messes par semaine, & que la collation de ladite Chapelle appartiendroit audit Chapitre qui auroit pareillement accepté ladite fondation. Chartre de Barthelemy Evesque de Paris de l'an 1225. par laquelle les Vicaires, ou Beneficiers ne peuvent rien pretendre, qu'en servant actuellement au Chœur de ladite Eglise de S. Germain. Trois actes des années 1243, 1244 & 1276, par lesquels il est porté que trois Beneficiers tous Prestres, auroient reconnu pardevant l'Official de Paris, que le Chapitre de S. Germain leur avoit conferé leurs Benefices; Qu'ils avoient fait serment de faire une résidence actuelle, & de porter honneur & respect aux Doyen & Chanoines comme leurs Patrons, & qu'après les collations, qui leur avoient esté faites de leurs Chapelles par le Chapitre, ce n'avoit esté que de pure grace qu'ils avoient esté reçeus au Chœur de ladite Eglise de S. Germain tant & si longuement qu'il plairoit audit Chapitre. Acte de renonciation faite pardevant l'Official de Paris, du 25 Juin 1276 par deux Beneficiers de ladite Eglise de S. Germain, au procez qui estoit entre les Doyen, Chanoines & les Beneficiers d'icelle, ausquels lesdits deux Beneficiers se feroient soumis entierement. Transaction faite entre les Doyen & Chapitre de ladite Eglise de S. Germain, & neuf Beneficiers d'icelle au mois de Juin 1276, par laquelle lesdits Beneficiers auroient reconnu que lesdits Doyen, Chanoines & Chapitre les avoient admis au Chœur, & aux distributions de ladite Eglise par une pure grace & sans aucune obligation. Quatre autres Actes des années 1288, 1299, 1312 & 1317, par lesquels quatre Beneficiers de ladite Eglise auroient aussi reconnu que le Chapitre d'icelle leur avoit conferé leursdits Benefices, qu'ils avoient fait serment de faire une résidence actuelle, de porter honneur & respect ausdits Doyen & Chanoines, & que le Chapitre les avoit reçeus de pure grace au Chœur de lad. Eglise pour le temps qu'il luy plairoit. Statut fait par Estienne Evesque de Paris en l'an 1324, confirmatif de celui fait par Reginaldus son predecesseur, par lequel il auroit ordonné que les Beneficiers de ladite Eglise feroient une résidence continuelle suivant leur serment, & qu'ils feroient privez des profits de leurs Benefices jusqu'à ce qu'ils fussent ordonnez Prestres. Autre Statut fait par Emery aussi Evesque de Paris en l'an 1381, portant que lesdits Chapelains assisteroient au Service Divin avec assiduité. Autre copie de Chartre de Pierre Evesque de Paris de l'an 1399, par laquelle il auroit ordonné que lesdits Chapelains perpetuels Beneficiers d'icelle, jureroient sur les Saints Evangiles, qu'ils porteroient honneur & obéissance ausdits Doyen, Chanoines & Chapitre comme leurs Superieurs, dans les choses qui regarderoient leur ministere & le service divin, qu'ils feroient une résidence perpetuelle & continuelle en ladite Eglise, & obéiroient au Chantre dans les choses qui regarderoient son Office au Chœur. Collations faites par ledit Chapitre aux sieurs Flamen, Brouillard, de la Fosse, du Buha, & Olivier, des Chapelles de S. Jean-Baptiste, de

A ij

fainte Marie, de faint Jean l'Evangelifte, & de S. Michel fondées en ladite
Eglife de faint Germain, avec les Aétes de ferment prêté par lefdits Chapelains d'obéïr, des 13 Janvier 1617, 14 Aouft 1657, 5 Avril 1661, 1 Fevrier
1664 & 14 Avril 1665. Copie collationnée d'une Tranfaétion du 27 Juin 1399,
paffée entre les Doyen & Chapitre de ladite Eglife de faint Germain d'une
part, & les Chapelains Beneficiers de la Communauté de ladite Eglife d'autre, par laquelle il auroit efté accordé que toutes les fois qu'il feroit neceffaire de nommer un nouveau Procureur de ladite Communauté, lefdits
Doyen & Chapitre feroient fignifier aufdits Beneficiers, qui pour lors
feroient trouvez en ladite Eglife, qu'ils vinffent audit Chapitre, où eftant le
fieur Doyen, ou celuy qui y prefideroit, leur enjoindroit d'avifer d'une
perfonne pour exercer ledit Office de Procureur de ladite Communauté,
& qu'après, celuy qui préfideroit demanderoit à chacun defdits Beneficiers
lors prefens leurdit avis, & que chacun defdits Beneficiers nommeroit la perfonne qui luy fembleroit eftre habile à exercer ledit Office, & lefdites opinions, & nominations dites & oüyes, que lefdits Beneficiers fe retireroient
hors dudit Chapitre, & eux eftant hors, que lefdits de Chapitre delibere-
roient entre eux fur les opinions defdits Beneficiers, & effiroient l'un des
nommez, ou un autre qui leur fembleroit bon a exercer ledit Office, & ce
fait que lefdits Beneficiers feroient rappellez audit Chapitre, en prefence
defquels celuy qui auroit efté nommé, feroit le ferment, ladite Tranfaétion
omologuée par Sentence des Requeftes du Palais, du 9 Juillet audit an 1399.
Aétes capitulaires dudit Chapitre des années 1404, 1445, 1525, 1554,
1573, 1580, 1594, 1607 & 1661, par lefquels il auroit efté efleu, & nommé
de nouveaux Procureurs, & Receveurs, & fait des Baux des biens de ladite
Communauté par lefdits Doyen, Chanoines & Chapitre, après avoir mandé lefdits Chapelains, & pris leurdit avis. Copie collationnée de Sentence du
26 May 1407 renduë par Emery Evefque de Paris, Abbé de S. Saturnin de
Thoulouze, Juge delegué du S. Siege par un Bref du Pape, par laquelle il
auroit ordonné l'execution des Sentences renduës par les premiers Juges, qui
condamnoient lefdits Chapelains appellans d'icelles d'affifter au Service
Divin continuellement depuis le commencement jufques à la fin de l'Office,
fans qu'ils en puiffent fortir fans en avoir demandé la permiffion du Doyen,
du Chantre, ou de l'ancien Chanoine. Statut fait par lefdits Doyen, Chanoines & Chapitre de ladite Eglife de faint Germain, tenant leur Chapitre
du premier Aouft 1402, par lequel ils auroient ordonné que les Chapelains
celebreroient les Meffes aufquelles ils eftoient tenus, & que faute d'y fatisfaire, ils payeroient deux fols pour chacune Meffe, qui feroient employez
à les faire celebrer par d'autres Preftres, & que les peines qui avoient efté
auparavant impofées contre lefdits Chapelains faute de dire l'Evangile, l'E-
piftre, les Leçons de Matines, les Refpons & autres, feroient doublées, &
que lefdits Chapelains apporteroient dans ledit Chapitre les titres des Fon-

dations de leurs Chapelles, & la declaration des revenus, pour connoistre quelles Messes ils estoient obligez de celebrer, & les y contraindre par saisie desdits revenus. Sentence des Requestes du Palais du 6 Mars 1410, par laquelle il paroist que lesdits Chapelains s'estant entr'autres choses pour-veus contre ledit Statut, & qu'estant informez des droits, saisines, & pos-session desdits Doyen & Chapitre, ils auroient renoncé aux conclusions par eux prises, & en consequence esté condamnez à satisfaire aux Reglemens mentionnez en ladite Sentence. Commission expediée audit Chapitre le 11 Juillet 1567 pour faire assigner tous lesdits Chapelains, tant du Chœur que Fo-rains de ladite Eglise de saint Germain l'Auxerrois & des Eglises de S. Eusta-che, S. Sauveur, sainte Oportune, Autheüil & autres, sujetes & dépendan-tes dudit Chapitre, dont les Chapelles estoient à la collation & disposition desdits Doyen, Chanoines & Chapitre, pour comparoir le Mercredy 6 Aoust ensuivant, au Synode qu'ils tiendroient en leur Chapitre, en conse-quence du Statut y énoncé de Messire Guillaume Viole Evesque de Paris, pour faire acquiter par lesdits Chapelains les Fondations de leurs Chapelles, affichez aux portes desdites Eglises de S. Germain & de S. Eustache, en pre-sence de deux desdits Chapelains. Exploits d'assignations donnez ausdits Cha-pelains en consequence les 28 & 29 Juillet, 3, 4, 5 & 6 Aoust ensuivant. Ordonnance dudit Synode du 6 dudit mois d'Aoust, concernant l'obli-gation que lesdits Chapelains ont d'acquitter les Messes de leurs Chapelles, par laquelle il auroit esté ordonné que nul d'eux ne pourroit s'absenter de son Benefice ou Chapelle sans la permission dudit Chapitre, & que lesdits Chapelains seroient tenus de mettre entre les mains des Commissaires du Chapitre députez pour la visite desdites Chapelles, les Lettres, Titres & autres enseignemens des revenus d'icelles. Requeste presentée au Chastelet par lesdits de Chapitre, sur laquelle il leur auroit esté permis de faire saisir les revenus desdits Chapelains qui avoient manqué audit Synode, du 29 Avril 1570. Sentence arbitrale du 18 Juillet 1588 renduë par les sieurs de Monthelon, Chipart, & le Vest Advocats en Parlement, servant de Re-glement entre les Doyen, Chanoines & Chapitre de l'Eglise de S. Germain l'Auxerrois & les Chapelains d'icelle : Ensuite est une Requeste desdits Cha-pelains au sieur Cardinal de Gondy Evesque de Paris, tendante à ce qu'il fût ordonné, que tant lesdits Chanoines que Chapelains seroient tenus de se trouver & assembler par chacun jour de Mardy sept heures du matin en la Chambre designée & preparée pour traiter ensemblement, & déliberer des affaires de ladite Communauté, & deffenses à eux d'en traiter ni déliberer dans le Chapitre ni ailleurs qu'en ladite Chambre, & qu'aucunes délibera-tions ou ordonnances concernant les affaires de ladite Communauté ne pourroient avoir lieu ni sortir aucun effet, si elles n'estoient faites en ladi-te Chambre ; & les deniers provenans d'une fondation faite par Michel Sou, representez par lesdits Chanoines & employez, & jusques à ce misau Coffre de ladite Communauté, & l'Ordonnance renduë fur ladite Requefte le dernier Avril 1597, portant que ladite Sentence arbitrale & les Reglemens faits depuis entre ledit Chapitre & les Chapelains feroient executez, & ce qui y avoit efté par chacun d'eux contrevenu, feroit rétably, fignifié audit Chapitre avec dénonciation defdites contraventions. Extrait d'acte capitulaire du 13 Janvier 1598, par lequel il paroift que lefdits Chapelains auroient confenti d'aller en la Salle du Chapitre pour y dire leur avis lors qu'ils y feroient mandez pour les affaires de ladite Communauté, ainfi qu'il avoit efté fait auparavant. Copie de Sentence renduë par le fieur Cardinal de Gondy Evefque de Paris le 14 Mars 1595, portant confirmation de ladite Sentence arbitrale du 18 Juillet 1588, & que le Chapitre de ladite Eglife de S. Germain feroit des tables toutes les femaines ainfi qu'il eftoit accoûtumé, dans lefquelles les noms, tant des Chanoines en femaines, que des Chapelains, & autres qui défervoient dans le Chœur feroient écrits ; que les Chapelains feroient tenus de faire Diacre & Soudiacre, & porter Chappes comme Choriftes, même faire generalement toutes les autres fonctions concernant le Service Divin au Chœur de ladite Eglife, & que fi quelques-uns de ceux nommez dans lefdites tables manquoient à faire l'Office à eux affigné, qu'ils feroient privez de leurs diftributions, & punis de telles autres peines qu'il feroit avifé par le Chapitre, & que le Chantre pourroit ufer de remontrances envers les Vicaires & Chapelains pour les obliger à bien s'acquiter de leurs fonctions, & s'ils fe trouvoient avoir commis quelque faute qui meritaft correction, qu'ils feroient punis par le Chapitre fur la relation du Chantre eu égard à la grandeur de la faute. Copie d'un Statut fait par Odo Evefque de Paris au mois d'Octobre 1203, portant que la correction du Chœur appartiendroit au Chantre, fur les Ecclefiaftiques qui défervoient, & non fur les Chanoines, & que le Doyen, du confentement dudit Chantre & des Chanoines, auroit la reception des Clercs au Chœur de ladite Eglife. Autre copie de Sentence renduë par le fieur Cardinal de Gondy Evefque de Paris le 30 Avril 1599, par laquelle il auroit permis aux Chanoines de pourvoir aux Benefices defdits Chapelains s'ils manquoient à refider après avoir efté fommez, comme eftant obligez à une refidence exacte, & à un fervice continuel, mefme par leur ferment. Actes capitulaires depuis l'an 1412 jufques en 1659, par lefquels il paroift que lefdits Chapelains, pour avoir manqué au fervice, de defcendre à l'aigle, & faire leurs fonctions, auroient efté privez de leurs diftributions ; que l'un d'eux auroit demandé pardon étant à genoux des défauts & fcandales par luy faits, reconnu le Chapitre pour Superieur, & que lefdits Chapelains fe feroient foûmis à fa correction, auroient efté admoneftez de faire leurs fonctions au Chœur, qu'ils auroient comparu aux Chapitres generaux, où remontrances leur auroient efté faites; qu'il auroit efté ordonné qu'ils affifteroient aux Proceffions, & pour n'avoir comparu au mandement dudit Chapitre qu'ils auroient été privez de leurs diftributions, &

que le Chapitre auroit accordé le gain franc à un Chapelain qui eftoit détenu Prifonnier. Copie de Sentence renduë par l'Official de Paris le 19 Janv. 1602, portant confirmation d'une Ordonnance dudit Chapitre faite contre Noël Moger Chapelain, avec injonction audit Moger & autres Chapelains, Vicaires & Habituez de ladite Eglife, de porter honneur & refpect auxdits Doyen, Chanoines & Chapitre leurs Superieurs. Copie d'Arreft du Parlement de Paris du 15 May 1604, par lequel fur l'appel interjetté de ladite Ordonnance & Sentence par ledit Moger, & attendu fa pauvreté, les Parties auroient efté mifes hors de Cour & de procès, & neanmoins l'auroit condamné aux dépens liquidez à la fomme de 18 livres. Copie collationnée d'autre Sentence renduë en l'Officialité de Paris le 29 Decembre 1655, par laquelle lefdits Chapelains auroient efté deboutez de l'oppofition par eux formée à des Actes Capitulaires des premier, deux & fix Juillet 1655, & ordonné qu'ils feroient executez; que Maiftres Pierre Mefnager & Gilles de la Foffe Chapelains feroient tenus de fe trouver au premier Chapitre du Vendredy pour y recevoir les remontrances ordonnées par lefdits Actes, & qu'en fatisfaifant par eux, leurs Diftributions leur feroient renduës pour cette fois feulement, fans tirer à confequence pour l'avenir, qu'ils porteroient honneur & refpect auxdits Doyen, Chanoines & Chapitre, comme leurs Patrons & Superieurs, & recevroient les corrections Capitulaires *in levioribus*, fauf pour les chofes griéves qu'ils fe pourvoiroient pardevant ledit Official, & pour les affaires de ladite Communauté d'entre lefdits Doyen, Chanoines & Chapitre, & lefdits Chapelains, qu'elles fe traiteroient en commun; que le Greffier écriroit, ainfi qu'il eftoit accoutumé, & delivreroit les Actes felon qu'il en feroit requis, fignifiez les 10 & 19 Janvier 1656. Acte de comparution faite par ledit Mefnager audit Chapitre du 28 dudit mois de Janvier 1656 pour fatisfaire à ladite Sentence, où ledit fieur Doyen luy auroit fait remontrance & exhorté de fe comporter avec plus de refpect & de modeftie envers lefdits Doyen, Chanoines & Chapitre, tant aux Chapitres generaux que particuliers. Acte du 20 Mars 1656, par lequel quatre Chapelains de ladite Eglife de Saint Germain, auroient declaré à Maiftres Jean Benoift & Gilles de la Foffe auffi Chapelains, qu'ils n'eftoient point appellans de ladite Sentence de l'Official de Paris, à laquelle ils acquiefçoient. Extrait du Compte rendu par le Receveur dudit Chapitre en 1657, qui auroit fait recette de partie des dépens auxquels lefdits Chapelains auroient efté condamnez par Sentence du 10 Janvier 1656. Arreft du Parlement du 20 Fevrier 1658, portant omologation d'un Concordat fait entre les Chapelains de ladite Eglife de Saint Germain l'Auxerrois le 9 dudit mois de Fevrier, par lequel ils auroient arrefté que tous les premiers Vendredis de chaque mois ils s'affembleroient dans un lieu qui feroit par eux choifi, pour déliberer de leurs affaires, & qu'à chaque jour d'Affemblée, il feroit tenu Regiftre des Deliberations & refolutions qui feroient faites entr'eux: Que fur le plus clair revenu affecté à leurs Chapelles, il seroit pris par chacun an la somme de trois livres, pour employer aux affaires communes, & qu'à chaque jour d'assemblée il seroit fait une distribution par le Dépositaire de la Bourse commune de quinze deniers à chacun de ceux qui assisteroient à ladite Assemblée, de laquelle seroient privez ceux qui n'y auroient point assisté, & que ceux qui seroient pourvûs cy-après desdites Chapelles, seroient tenus de souscrire ledit Concordat, & que si aucuns desdits Chapelains lors pourvûs refusoient d'y acquiescer, ils se joindroient tous contre les Refusans, pour les obliger d'entrer audit Traité, qui n'estoit fait que pour entretenir une plus étroite intelligence entre tous lesdits Chapelains, & pour travailler plus utilement à la recherche & manutention de leurs droits. Requeste presentée à l'Official de Paris par lesdits Doyen, Chanoines & Chapitre de ladite Eglise de Saint Germain l'Auxerrois, à ce qu'il leur fût permis de faire apeller lesdits Chapelains pour voir ordonner que lesdits Statuts & Reglemens faits par les Evesques & Archevesques de Paris Superieurs seroient executez, & que ledit Concordat du 9 Fevrier 1658 fait entre lesdits Chapelains par entreprise, seroit declaré nul & de nul effet, avec défenses à eux de s'en servir & de s'assembler, à peine de privation de toutes leurs Distributions, & condamnez chacun en cent livres d'amende, applicable à l'Hôpital General. L'Ordonnance du deuxiéme Mars 1658 estant au bas, portant que ladite Requeste seroit communiquée au Promoteur, pour luy oüy estre ordonné ce que de raison. Conclusions dudit Promoteur, à ce que lesdits Chapelains fussent assignez, & que cependant défenses leur fussent faites de faire aucune Assemblée autres que celles portées par les Reglemens faits entre les Parties, jusqu'à ce qu'autrement en eust esté ordonné. L'Ordonnance dudit Official du 4 dudit mois de Mars, portant qu'il seroit fait ainsi qu'il estoit requis. Exploit d'assignation donné en consequence auxdits Chapelains ledit jour 4 Mars. Signification de l'Arrest d'omologation dudit Concordat auxdits Chanoines le 15 dudit mois de Mars. Autre Requeste presentée au Parlement par lesdits Doyen, Chanoines & Chapitre de ladite Eglise de Saint Germain, à ce qu'ils fussent reçus opposans à l'omologation dudit Concordat, & pour y faire droit renvoyer les Parties pardevant l'Official de Paris, pour proceder sur l'execution ou contravention des Reglemens faits par les Evesques & Archevesques de Paris. L'Ordonnance de la Cour du 11 Avril 1658, portant que ladite Requeste seroit communiquée au Procureur General du Roy, & ses Conclusions vûës & les Parties oüyes au Parquet, ou leur Conseil, il seroit fait ce que de raison, signifié le 8 May audit an. Arrest par défaut obtenu par lesdits du Chapitre le 19 Fevrier 1664, portant que les Parties viendroient plaider sur lesdites Requestes & oppositions, signifié le 11 Mars audit an. Autre Requeste presentée audit Parlement par lesdits du Chapitre, à ce qu'il fut ordonné que les Statuts & Reglemens faits par les sieurs Evesques & Archevesques de Paris, Superieurs de ladite Eglise

de

de S. Germain feroient executez, & ledit concordat fait entre lefdits Chapelains le 9. Février 1 6 5 8. declaré nul, défenfes à eux de s'en fervir & de
s'affembler à peine de privation de toutes leurs diftributions, dépens, dom-
ges & interefts : fur laquelle Requefte auroit efté mis en plaidant du 1 5.
Avril 1666. fighifié ledit jour. Acte capitulaire du 17. Octobre 1662. portant
que les tables du Chœur feroient corrigées ; ce faifant que lefdits Carentan
& de la Foffe Chapelains perdroient fur icelles vingt-fept jours d'abfences
feulement, le furplus de leurs abfences leur ayant efté remis de grace par le
Chapitre, & à eux enjoint de fe rendre plus affidus au fervice divin, & à Maître Charles Péchon l'un defdits Chapelains & Pointeur, de faire mieux fa
charge. Au bas eft l'oppofition defdits Chapelains à l'execution dudit Acte
capitulaire. Requefte prefentée aux Requeftes du Palais par lefdits Chapelains, à ce qu'il fût permis d'y faire affigner lefdits Doyen, Chanoines & Chapitre de ladite Eglife de S. Germain, pour proceder fur l'oppofition formée par lefdits Chapelains audit Acte capitulaire dudit jour 1 7.
Octobre 1 662, & faifant droit fur icelle, voir ordonner que lefdits Chapelains
feroient maintenus en la poffeffion d'affifter & opiner aux déliberations qui
fe tiennent par ledit Chapitre commun en ladite Eglife de S Germain le
Mardy de chacune femaine ; mefme à celles qui concernent la reformation
des tables contenant les prefences defdits Chanoines & Chapelains, & défenfes aufdits Doyen & Chanoines d'y troubler lefdits Chapelains, à peine
de quinze cens livres d'amende ; ce faifant que la prétenduë conclufion dudit jour 1 7. Octobre 1662. concernant la reformation des tables, feroit declarée nulle & injurieufe à la reputation defdits Chapelains, & comme telle
rayée fur le Regiftre des déliberations capitulaires du Mardy, & lefdits
Doyen & Chanoines condamnez aux dépens. Sur laquelle Requefte auroit efté mis foient parties appellées l'onziéme Decembre 1662. fignifiée
ledit jour. Défenfes defdits Doyen, Chanoines & Chapitre contre ladite
Requefte. Arreft du Parlement du 1 0. May 1 6 6 3. portant que fur l'affignation
donnée aufdites Requeftes du Palais les parties procederoient en la Cour.
Imprimé d'Arreft dudit Parlement du 23. Juillet 1639. entre les Chanoines &
Chapitre de ladite Eglife de S. Germain l'Auxerrois d'une part ; & Maître
François le Charon Doyen d'icelle, d'autre ; contenant un reglement general pour ladite Eglife ; par lequel il auroit efté entre autres chofes ordonné,
que les Chanoines, Vicaires & Chapelains de ladite Eglife feroient tenus
de faire refidence, & affifter à toutes les heures du Service divin en tout
temps, fuivant les Conftitutions canoniques, fauf toutefois à chacun d'eux
en cas de maladie, abfence, ou legitime empefchement, de fe pourvoir
par devers le Chapitre, pour luy eftre accordé tel temps que ledit Chapitre
jugera neceffaire ; que pour l'audition des comptes de Communauté, il feroit nommé avec le Doyen trois Chanoines, & deux Chapelains. Que les
Baux des maifons & biens du Chapitre de Communauté feroient faits ès

Chapitres generaux, & non ès particuliers. Et défenses faites au Greffier dudit Chapitre, de rien escrire au Regiftre Capitulaire, que ce qui auroit paffé par les avis & opinions des Capitulans, & ce qui luy feroit dicté par le Prefident audit Chapitre, lequel feroit lire au Chapitre fuivant les conclufions du precedent Chapitre. Plufieurs Actes capitulaires depuis l'an 1401. jufqu'en l'an 1667. par lefquels il paroift que les Chapelains auroient demandé au Chapitre permiffion de s'abfenter, que ledit Chapitre en auroit difpenfé aucuns des Matines, à caufe de leur infirmité & caducité, & accordé une atteftation de Soufdiacre audit Carentan l'un defdits Chapelains. Extrait des comptes rendus par les Receveurs dudit Chapitre depuis l'année 1492. jufqu'en l'année 1661. dans lefquels les comptables auroient fait dépenfe des diftributions qui fe font aux Chapitres ordinaires, qui fe tiennent tous les Mardis & Vendredis à ceux qui s'y trouvent prefens. Copie d'Arreft du Parlement du 23. Decembre 1579. portant que les Vicaires perpetuels en l'Eglife de faint Maur des Foffez ne pourroient demander, ny avoir voix & deliberation en Chapitre; qu'ils feroient refidence, & aideroient à celebrer le Service divin. Copie d'autre Arreft dudit Parlement du 15. Mars 1625. par lequel il auroit efté ordonné, que le Statut du dernier Janvier 1470. feroit gardé & entretenu. ce faifant, que les Chantre, & Chanoines de l'Eglife Royale & Collegialle de Melun joüiroient des droits à eux appartenants, à caufe de leurs Dignitez, Chanoinies, & Prebendes; à fçavoir, de pouvoir convoquer & tenir leurs Chapitres tant generaux que particuliers ès jours accouftumez, fans qu'ils fuffent tenus y appeller les Chapelains de ladite Eglife, & qu'ils pourroient en iceux ordonner des affaires d'icelle, lefquels Chapelains feroient feulement appellez aux Chapitres qui fe tiendront pour les affaires du revenu de la Communauté, fans qu'ils y peuffent neantmoins avoir aucune voix deliberative, finon pour l'eflection d'un Procureur ou Diftributeur de ladite Communauté, & que lefdits Chapelains feroient contraints à faire refidence continuelle, & affifter à tout le Service divin. Autre copie d'Arreft de ladite Cour du 9. Avril 1639. portant confirmation du precedent, & que les Chapelains de ladite Eglife de Melun porteroient honneur & refpect aux Chantre & Chanoines d'icelle, & leur obeïroient en ce qui feroit du Service divin. Actes capitulaires & Extraits des comptes de ladite Eglife de S. Germain, des années 1455. 1523. 1524. 1525. 1551. & 1552. par lefquels il paroift que le Chapitre feul auroit reglé le Service de ladite Eglife, & les diftributions qui s'y font. Quatre tables ou cedules de diftributions de l'Office du Chœur, arreftées par ledit Chapitre en 1539. dans lefquels lefdits Chapelains font compris. Acte du 13. Fevrier 1663. par lequel il paroift que Maiftre Pierre Mefnager Preftre Chapelain au Chœur de ladite Eglife de S. Germain, auroit par fon teftament legué à l'Union des Chapelains perpetuels de ladite Eglife la fomme de 500. livres à la charge d'une Meffe baffe annuelle à pareil jour de fon decès, qui fe celebreroit en la Chapelle de Noftre-Dame des

Meches par celuy qui auroit fuccedé à fa Chapelle, ou autre que lefdits Chapelains nommeroient, à laquelle Meffe affifteroient les Chapelains de l'union en foutanne & long-manteau, pour ne donner fujet de jaloufie au Chœur, ny à la Parroiffe ; cela ce faifant en memoire de leurs Bien-faiteurs ; que pour telle affiftance il feroit donné *in abfcondito*, aufdits Chapelains de l'union cinq fols, & au Celebrant 25. fols, & aux Chapelains abfens rien du tout, s'ils n'avoient efté plus de trois jours au lit malades ou incommodez ; que Maiftres Pierre Germain Chanoine, & Jean Rougemaille Preftre habitué en ladite Eglife de S. Germain Executeurs dudit teftament fe feroient prefentez au Chapitre ; & d'autant que lefdits Doyen, Chanoines & Chapitre eftoient Superieurs, Patrons & Collateurs defdites Chapelains, & qu'il ne pouvoit eftre fait de fondation fans leur confentement, ils les auroient requis de donner leurs avis & confentement à ce qu'ils avoient à faire en ladite qualité d'Executeurs dudit teftament, pour l'execution du fufdit legs & fondation. Que lefdits Doyen, Chanoines & Chapitre auroient fait réponfe, qu'ils ne connoiffoient point de corps qualifié d'union des Chapelains ; que lefdits Chapelains n'eftoient que Beneficiers particuliers de ladite Eglife, & qu'ainfi ils ne pouvoient pretendre ny accepter le fufdit legs, à la charge de ladite fondation. Pourquoy lefdits Doyen, Chanoines & Chapitre fe feroient oppofez à l'execution dudit legs & fondation entre les mains defdits Executeurs fous ledit pretendu nom de ladite union, & afin que l'intention dudit deffunt ne fût inutile, & qu'il retiraft le fecours de ladite fondation, lefdits Doyen, Chanoines & Chapitre comme feuls capables d'accepter ladite fondation, auroient offert aufdits Executeurs teftamentaires de faire l'acceptation d'icelle, en leur payant ladite fomme de 500. livres, moyennant laquelle ils feroient faire lefdites prieres, & diftributions ordonnées par ledit teftament aux Chapelains du Chœur de ladite Eglife, qui affifteroient à ladite Meffe en l'habit qu'ils portent au Chœur, & que lefdits Executeurs teftamentaires acceptans lefdites offres, auroient payé aufdits Doyen, Chanoines & Chapitre ladite fomme de 500. livres : Autre Acte fignifié aufdits Doyen, Chanoines & Chapitre à la Requefte defdits Germain & Rougemaille Executeurs dudit teftament, le 14. Février 1663. à ce qu'ils euffent à prendre leur fait & caufe en l'affignation à eux baillée aux Requeftes du Palais à la Requefte defdits Chapelains, pour avoir le payement de ladite fomme de cinq cens livres. Requefte prefentée au Parlement par lefdits Doyen, Chanoines & Chapitre, à ce qu'ils fuffent reçeus parties intervenantes & à prendre le fait & caufe defdits Germain & Rougemaille ; ce faifant les décharger de la demande à eux faite par lefdits Chapelains, aufquels défenfes feroient faites d'entreprendre, accepter, ny faire aucune fondation, en ladite Eglife de S. Germain, au préjudice defdits Doyen, Chanoines & Chapitre leurs Superieurs & Collateurs, & pour l'avoir fait, qu'ils feroient condamnez en telle amende qu'il plairoit à la Cour ordonner. Sur laquelle Requeste auroit esté mis en jugeant le 4. Septembre 1663. signifiée ledit jour. Arrest dudit Parlement du 17. dudit mois de Septembre, par lequel la Requeste desdits Chapelains, à ce que ladite somme de 500. livres leur fût baillée par provision, auroit esté jointe à l'appel d'entre les parties. Quittances des nommez de la Barre, Brouïllard, & du Buha Chapelains, des 11 Janvier 1664. 11. Janvier 1665. 11. Janvier 1666. & 11. Janvier 1667. de 25. sols payez à chacun d'eux, pour avoir celebré la Messe fondée par ledit Mesnager, outre 5. sols qui avoient esté distribuez aux Chapelains qui avoient assisté à ladite Messe. & 2. sols 6. deniers à l'Enfant de Chœur qui avoit servi icelle, le tout suivant ladite fondation. Actes capitulaires des années 1503. 1504. & 1551. pour accepter par ledit Chapitre les fondations faites à la Communauté de ladite Eglise de saint Germain. Copie de Lettres patentes du Roy Henry III. du 4 Decembre 1581. portant concession ausdits Doyen, Chanoines & Chapitre, tant en Corps qu'en Membres du droit de *Committimus* aux Requestes du Palais. Acte capitulaire du 6. Mars 1663. par lequel il paroist que les Chapelains de la Communauté auroient esté appellez & y auroient assisté, & qu'iceux retirez, ayant esté déliberé des affaires dudit Chapitre, environ une demie heure après, de la Fosse, Carentan & Chambrehault Chapelains, seroient entrez par violence audit Chapitre; sur quoy il auroit esté arresté qu'ils seroient mandez, pour rendre raison de leur entreprise. Copie de Requeste presentée audit Parlement par lesdits Chapelains, à ce qu'en consequence de l'appel interjetté par lesdits Doyen, Chanoines & Chapitre de la Sentence de retention, & ordonnance renduë en consequence aux Requestes du Palais le 9. Mars 1663. il fut ordonné, que les parties auroient audience sur la nullité requise par lesdits Chapelains de l'Acte posterieur fait en l'assemblée desdits Doyen & Chanoines seuls, qui estoit absolument abusif, & deffenses ausdits Doyen, Chanoines & Chapitre de passer outre, jusqu'à ce qu'autrement par la Cour en eût esté ordonné; sur laquelle Requeste auroit esté mis en plaidant le 16. Mars 1663. signifiée le mesme jour. Copie d'Arrest dudit Parlement du 17. Juin 1658. rendu par defaut entre lesdits Doyen, Chanoines & Chapitre de ladite Eglise de S. Germain, appellans d'un Jugement de retention aux Requestes du Palais du 30. Avril audit an 1658. & d'une Ordonnance mise au bas d'une Requeste du 31. May ensuivant, sur ce que lesdits Chapelains de la Communauté de ladite Eglise n'estant point du Corps dudit Chapitre, ne pouvoient joüir du droit de *Committimus*, accordé ausdits Doyen, Chanoines & Chapitre, & lesdits Chapelains intimez, par lequel Arrest l'appellation auroit été mise au neant, emendant, les parties renvoyées au Chastelet de Paris, pour y proceder sur leurs differents. Requeste presentée audit Parlement par lesdits Chapelains perpetuels de ladite Eglise de S. Germain, le 18. Janvier 1664. à ce que lesdits Doyen & Chanoines d'icelle fussent condamnez à remettre en la Sacristie du Chœur les livres des Obits, contenant tous les legs & fondations faites à ladite Eglise ; ce faifant que fur iceluy feroit fait mention fommaire de tous les legs & fondations qui ont efté faites au Chœur depuis que ledit livre des Obits en auroit efté tiré, & continuer à l'avenir, pour en prendre lecture & communication fans déplacer, tant par lefdits Doyen & Chanoines que Chapelains, & de rétablir les fondations faites au Chœur de ladite Eglife par le fieur Abbé de Lagny de cent cinquante livres par chacun an, par le fieur Choüart de pareille fomme : & par le fieur Hervieux, de huit cens livres, en faire la retribution a chacun des affiftans au Chœur, conformément aufdites fondations, avec reftitution des revenus d'icelles, à compter du jour qu'ils ont ceffé de faire lefdites retributions aufdits Affiftans. Que les extraits des billets des Obits feroient faits & dreffez par les Receveurs de la Communauté en la prefence & conjointement avec l'un des Chapelains feuls, avec deffenfes aufdits Doyen & Chanoines d'appliquer à leur profit particulier le reliqua des fondations provenant des abfences, tant defdits Doyen, Chanoines, Chapellains, que Vicaires & autres, avec reftitution defdits reliquats, dont lefdits Doyen & Chanoines feroient tenus de rendre compte. Que le Pointeur des prefens & abfens continuëroit la charge de Diftributeur des Obits, Convois, Services, Enterremens, Confrairies & autres fondations faites audit Chœur, & ainfi qu'il avoit de tout temps efté obfervé, fans que l'une defdites charges pût eftre diftincte & feparée de l'autre. Que Maiftre Charles Pêchon, l'un defdits Chapelains, continuëroit à l'avenir l'office de Pointeur ; avec deffenfes aufdits Doyen & Chanoines d'alterer le livre de la pointe, ni fe marquer pour prefens fur iceluy lorfqu'ils feroient abfens, fous telles peines qu'il plairoit à la Cour en cas de contravention, & à tous autres qu'à l'un defdits Chapelains, en cas de maladie ou abfence legitime du Pointeur nommé, de tenir ledit livre de la pointe à peine de nullité. Que tous les abfens au Service divin, tant Doyen, Chanoines, que Vicaires & autres payez du bien de ladite Communauté, feroient exclus de toucher & recevoir aucunes diftributions pendant le temps de leurs abfences, fans que lefdits Doyen & Chanoines puffent efperer aucune grace ni licence pour trois mois chacune année, ainfi qu'ils auroient voulu depuis quelque temps pour ce qui concernoit les diftributions du bien de la Communauté, & qu'en cas d'abfence legitime, tant pour les Doyen, Chanoines, Chapelains & autres, qu'ils feroient tenus de fe pourvoir au Chapitre de Communauté des Mardis pour leur eftre pourvû ; laquelle abfence feroit jugée à la pluralité & égalité des voix defdits Doyen, Chanoines & Chapelains conjointement, à peine de privation defdites retributions. Qu'aux Chapitres generaux qui fe tiennent aux quatre quartiers de chacune année, le Greffier de ladite Communauté feroit tenu d'appeller par nom & furnom fur la table qui luy eft mife en main, les Doyen, Chanoines, Chapelains & Vicaires, fuivant la commune obfervance, pour empefcher que lefdits Doyen &

Chanoines ne fe faffent tenir prefens, quoy qu'abfens aufdits Chapitres generaux ; Ce faifant que les abfens feroient privez des douze fols fix deniers que doivent recevoir chacun des Affiftans du bien de ladite Communauté ; que de trois ans en trois ans il feroit choifi & éleu à la pluralité & égalité des voix un Chanoine & un Chapelain alternativement, pour Receveur du bien de ladite Communauté ; Et lorfqu'un Chanoine feroit éleu, que ce feroit un autre que celuy qui feroit nommé Receveur du bien particulier defdits Doyen & Chanoines, pour éviter la confufion du bien commun & du bien particulier. Comme auffi que pour Agent de ladite Communauté, il feroit choifi par chacun an, un Chanoine & Chapelain pour agir conjointement ; lefquels feroient tenus de communiquer à tous les Chapitres de Communauté les affaires qui fe prefenteroient, & prendre ordre & avis des follicitations qui feroient à faire, à peine de démiffion. Que le compte de Communauté feroit prefenté par le Receveur de ladite Communauté à deux Chanoines & deux Chapelains, defquels il y en auroit un ancien & un jeune, & ainfi du dernier au premier en retrogradant. Que le Receveur de ladite Communauté avant que de rendre compte de fon adminiftration, feroit tenu de mettre fur le bureau du Chapitre fes comptes, pour en prendre communication par les Chanoines & Chapelains deputez, avec liberté de les emporter en leur logis, felon l'ancienne coûtume obfervée, pour les voir plus exactement deux fois vingt-quatre heures chacun, fi bon leur femble, & iceux rapporter au jour pris pour la reddition. Que les Baux de ladite Communauté feroient faits à l'avenir aux Chapitres generaux feulement & non aux Particuliers, après que les publications en auroient efté faites au Profne, & affiches mifes aux lieux & endroits neceffaires & accoûtumez, fans que lefdits Baux puffent eftre renouvelez avant fix mois de l'expiration d'iceux. Que dans les qualitez defdits Baux feroient compris & nommez lefdits Chapelains en qualité de bailleurs, fans que lefdits Doyen & Chanoines puffent mettre le mot de Chapitre en general. Que les quittances des Ouvriers & autres payez des deniers de la Communauté, feroient receuës par les Doyen, Chanoines & Chapelains conjointement au nom de ladite Communauté feulement. Que les enfaifinemens de Contracts de vente d'heritages & autres dépendans de ladite Communauté, ne pourroient eftre faits qu'audit Chapitre de Communauté. Qu'ils feroient enfaifinez par deux defdits Chanoines & deux defdits Chapelains, qui feroient deputez par chacun an ; fçavoir les deux Chanoines par les Chanoines, & les deux Chapelains par les Chapelains. Que les deniers provenans des lods & ventes des biens & heritages dépendans de ladite Communauté feroient diftribuez par égales portions aux Doyen, Chanoines, & Chapelains, fans aucun retranchement. Que lefdits Doyen & Chanoines feroient condamnez de rendre & reftituer le tiers de tous les lods & ventes qu'ils avoient retenus par leurs mains & appliquez à leur profit particulier, dont ils feroient tenus de rendre compte par un bref eftat. Que d'orefenavant les Enfans de Chœur & leus Maiftre, Vicaires & autres Officiers ftipendiez aux dépens du bien de ladite Communauté feroient choifis, élûs, & congediés audit Chapitre de Communauté, après avoir pris les fuffrages defdits Doyen, Chanoines & Chapelains. Que deffenfes feroient faites au Greffier du Chapitre de Communauté d'écrire & rediger par écrit fur des feüilles volantes, les Actes de déliberations faites audit Chapitre, luy enjoindre de tenir un Regiftre particulier pour inferer lefdites déliberations dudit Chapitre de Communauté different de celuy des Vendredys, qui fe tient par lefdits Doyen & Chanoines feuls : de recevoir les requifitions, remontrances, & oppofitions qui feroient formées par lefdits Chapelains, & leur en délivrer acte en bonne forme. Qu'à la fin de chacun Chapitre de Communauté le Greffier feroit tenu de faire lecture à haute & intelligible voix de tous les Actes qui auroient efté receus audit Chapitre de Communauté, & en faire de mefme à l'entrée du Chapitre fuivant. Que tous les feüillets dudit Regiftre feroient numerotez & paraphez par deux Chanoines & deux Chapelains, & les Actes de déliberation de chacun Chapitre auffi paraphez par les deux plus anciens Chanoines & Chapelains qui fe trouveroient audit Chapitre. Et que l'un des Chapelains députez par eux feuls, auroit une clef de la Chambre où fe tient ledit Chapitre de Communauté, tout ainfi que l'un defdits Chanoines. Défenfes defdits Doyen, Chanoines & Chapitre à ladite Requefte, fignifiée le 28 Juin 1664. Memoires des Meffes, Saluts, Obits & autres fondations faites à ladite Eglife, & des fommes qui fe diftribuent pour chacunes du mois de Juin 1674. Extrait d'un compte rendu par Maiftre Jean Aubin Chanoine en ladite Eglife de S. Germain comme Procureur & Receveur defdits Doyen, Chanoines, Chapitre & Communauté pour l'année 1659. par lequel il auroit fait dépenfe des fommes payées pour lefdites fondations. Copie collationnée d'un Contract de fondation du 30. Mars 1640. par Meffire Nicolas de Neuville Abbé de Lagny, d'un Service folemnel en ladite Eglife, moyennant la fomme de 1200.l. qu'il auroit legué par fon teftament du 29. Avril 1616. aufdits Doyen, Chanoines & Chapitre de ladite Eglife. Extrait de compte de l'an 1663. par lequel il paroift que le Comptable auroit fait dépenfe de 50. livres pour l'Obit dudit fieur Abbé de Lagny. Autre extrait dudit compte, contenant pareille dépenfe pour l'Obit du fieur Choüart. Autre Contract de fondation du 21. May 1610. faite par Maiftre Charles Hervieux Chanoine en ladite Eglife S. Germain aux Doyen, Chanoines & Chapitre fes Confreres, moyennant 400. livres de rente qu'il leur auroit conftituée, aux marges duquel Contract eft l'extrait de la quittance de rachapt qui en auroit efté fait par le fieur de Machault Maiftre des Requeftes donataire dudit fieur Hervieux, du 2. Juin 1634. Autre Contract de conftitution, & remploy de ladite rente, du 15. Janvier 1644. fait en prefence dudit fieur de Machault, au profit defdits Doyen, Chanoines & Chapitre par Charles Poulet &

Nicolas Parifis Conseiller & Secretaire du Roy, & la quittance du 20. Novembre 1658. donnée par lesdits Doyen, Chanoines & Chapitre au sieur Betault Receveur des Consignations de la somme de 2024. livres 11. sols: sçavoir, 1450. livres pour les arrerages de ladite rente, & 566. livres 11. sols, sur estanmoins du principal. Imprimé de Sentence d'ordre des biens desdits Poulet & Parifis, du 21. Juin 1661. par laquelle lesdits de Chapitre auroient esté colloquez pour 7443. livres 9. sols restans de plus grande somme, dont le surplus auroit esté payé sur le prix de l'Office dudit Parifis. Extrait de compte rendu par le Receveur dudit Chapitre en 1663. dans lequel il auroit fait dépense de ce qu'il avoit payé pour la celebration des Obits dudit sieur Hervieux. Billets de distributions des Obits qui se doivent celebrer en ladite Eglise de S. Germain. Le premier datté du 27. Janvier 1621. Autres extraits de comptes rendus par le Receveur, tant desdits Doyen, Chanoines & Chapitre, que de Communauté de ladite Eglise, des années 1622. & 1652. contenans la dépense faite pour les Obits fondez en ladite Eglise. Acte capitulaire d'icelle du premier Aoust 1411. portant nomination de Jean Regnault Prestre Vicaire de ladite Eglise pour Pointeur. Autre Acte capitulaire du 17. Mars 1662. par lequel sur les plaintes faites contre ledit Pêchon, il luy auroit esté enjoint d'assister à toutes les Heures, de marquer fidellement les absens, & de ne commettre le livre de la pointe à un autre, sinon qu'il y seroit pourveu par le Chapitre. Autre Acte capitulaire du 15. Decembre 1662. par lequel il paroist qu'il auroit esté fait remonstrance audit Pêchon, de ce qu'il s'acquittoit mal de sa charge de Pointeur, dont il envoyoit souvent le livre à d'autres pour marquer les absens, & qu'après ladite remontrance il auroit demandé la fondation de sa Chapelle, pour voir à quoi il estoit obligé, pour s'acquitter de son devoir. Autre Acte capitulaire du 22. Decembre 1662. par lequel ledit Pêchon contre l'ordre dudit Chapitre ayant marqué le sieur Doyen absent à Matines, & ayant esté mandé, & enjoint d'obeïr aux Ordres dudit Chapitre; il auroit fait réponse, qu'il ne connoissoit point le Chapitre pour son Superieur, & qu'il estoit Officier de la Communauté. Autre Acte capitulaire du 2. Janvier 1663. portant nomination de deux Chanoines, & un Chapelain, pour extraire les absens de la pointe, des assistans au Service Divin du dernier quartier. Autre Acte capitulaire du 7. Janvier 1663. sur ce que lesdits Chanoines & Chapelains s'estant assemblez pour extraire lesdits absens, ledit Pêchon les en auroit empeschés, auquel il auroit été enjoint de mettre sur le Bureau le livre de la pointe pour travailler ausdits extraits. Autre Acte capitulaire du 7. dudit mois de Janvier, contenant le rapport fait audit Chapitre par lesdits deux Chanoines deputez, des extraits & billets, ou tables par eux faits en l'absence dudit Pêchon, qui ne s'y seroit voulu trouver, sur le livre de la pointe à eux mis és mains par le sieur Doyen. Autre Acte de déliberation du Chàpitre general de ladite Eglise du 8. dudit mois de Janvier, par lequel Maistre Pierre Broüillard Chapelain auroit esté

nommé

nommé à la pluralité des voix pour eftre Pointeur, au lieu dudit Péchon ; à quoy lefdits Chapelains s'étant oppofez, il auroit été arrefté, que fans avcir égard à leur oppofition, le Livre de la Pointe feroit donné audit Broüillard. Autres Actes Capitulaires des Chapitres Generaux de ladite Eglife de S. Germain, des années 1589. 1626. 1627. 1628. 1637. 1665. & 1667. par lefquels il paroift que les Chapelains & Vicaires de ladite Eglife y auroient efté appellez & admoneftez d'eftre affidus & modeftes au Service. Extrait des Comptes de Communauté des années 1557. 1621. & 1650. rendus par Maîtres Jean de Voy, Nicolas Pelletier, & Jean du Puis Chanoines en lad. Eglife, Receveurs defdits Doyen, Chanoines, Chapitre & Communauté d'icelle. Actes Capitulaires des années 1608. 1616. 1619. 1628. 1640. & 1651. portans nomination de deux Chanoines & un Chapelain pour vifiter les Ouvrages, colliger fur le Livre de la Pointe les abfences, drefler les Tables, & vaquer à autres affaires de ladite Eglife. Autres Actes Capitulaires contenant Députa-tions faites par le Chapitre du fieur Doyen, trois Chanoines & deux Chapelains de ladite Eglife, pour examiner les Comptes de la Communauté des années 1659, 1662 & 1663. Autres Actes Capitulaires & Copies de plufieurs Baux faits par les Doyen, Chanoines & Chapitre de ladite Eglife en leurs Chapitres, tant generaux qu'ordinaires, après avoir pris l'avis & confeil defdits Chapelains pour ce mandés, des années 1554. 1573. 1579. 1594. 1610. 1619. 1633. 1643. 1652. & 1666. Autres Actes Capitulaires depuis l'an 1432. jufqu'en 1660. Copie non fignée d'Arreft du Parlement du 6. Mars 1611. & deux Sentences de l'Official de Paris des années 1623. & 1635. par lefquels il paroît que les Vicaires, les Enfans de Chœur, leur Maître & autres Officiers de ladite Eglife, auroient été reçûs par ledit Chapitre compofé defd. Chanoines. Autres Actes Capitulaires des Chapitres tenus les Mardis, Vendredis & Samedis par lefdits Doyen & Chanoines des années 1552. 1639. 1640. & 1641. auxquels les Chapelains de ladite Eglife auroient été mandez, y feroient comparus, & après avoir été parlé des affaires de ladite Communauté, fe feroient retirez, & le Chapitre auroit continué. Requefte prefentée audit Parlement par lefdits Chapelains, à ce qu'il fût ordonné que les Parties viendroient au premier jour pour eftre ouies & reglées fur icelle, & executant l'Arreft du premier Avril 1664, voir faire défenfes particulieres au fieur Chantre de ladite Eglife de plus nommer lefdits Chapelains fur les Tables, pour faire les fonctions de Diacre & Soudiacre, & porter Chappes, finon lorfqu'un Chanoine celebreroit & officieroit. Que lorfque lefdits Chapelains porteroient Chappes, lefdits Chanoines feroient tenus de fatisfaire aux Annonces qui leur feroient faites en perfonne, & non point par le miniftere de Chantres & Vicaires ; & que lefdits Chapelains ne feroient tenus de faire lefdites fonctions de Diacre & Soudiacre, & porter Chappes, finon les quatre Feftes folemnelles, Feftes de la Vierge, celle du Patron, alternativement avec lefdits Chanoines. L'Ordonnance de la Cour du 24. Avril 1664. portant que ladite Requefte feroit montrée au Procureur General du Roy. Conclufions dudit fieur Procureur General, portant que les Parties ouïes au Parquet, ou leur confeil, il feroit ce que de raifon, fignifiée le 28. dudit mois d'Avril. Copie collationnée d'un Acte en forme de Relief, obtenu du Pape Benoift XIII, par aucuns Chapelains de ladite Eglife de Saint Germain, par lequel ils auroient reconnu eftre obligez de faire le Service Divin, ainfi qu'ils étoient couchez fur les Tables, chacun à leur tour, & de dire les Meffes auxquelles ils étoient obligez à caufe de leurs Chapelles. Arreft par appointé du Parlement, du premier Avril 1664. par lequel conformément à la Sentence Arbitrale du 18. Juillet 1588. & Sentence d'omologation d'icelle du 14. Mars 1595. auroit efté ordonné que les Chapelains de ladite Eglife de Saint Germain feroient les fonctions de Diacre & Soudiacre, & porteroient Chappes, fuivant qu'ils feroient couchez fur les Tables, qui feroient dreffées par le Chantre le Samedy de chacune femaine, & appofées au lieu accoutumé, dont ils feroient neanmoins avertis par le Serviteur dudit Chapitre; Et à la charge d'en ufer moderément par ledit Chantre, & fans que lefd. Chapelains fuffent aftraints auxdites fonctions de Diacre & Soudiacre, finon lorfque les Doyen & Chanoines de ladite Eglife celebreroient. Et avant faire droit fur la Requefte judiciaire defdits Chapelains à ce qu'ils euffent Entrée & Voix déliberative au Chapitre de Communauté, ordonné qu'ils la donneroien par écrit, & fur le furplus des Requeftes des Parties, icelles auroient été mifes hors de Cour. Autre Requefte prefentée audit Parlement par lefdits Chapelains, à ce qu'en prononçant fur la Requefte par eux prefentée en explication dudit Arreft du premier Avril 1664. défenfes fuffent faites au Chantre de ladite Eglife, de plus coucher fur les Tables de l'Office lefdits Chapelains pour porter Chappes oneraires, mais feulement les honoraires, & ce fucceffivement à proportion tant des Chanoines que Chapelains prefens, & habiles auxdites fonctions, & à la charge d'en ufer moderément, conformément à la Sentence Arbitrale du 18. Juillet 1588. & audit Arreft dudit jour premier Avril 1664. ni de les y employer au-deffous des Chantres Vicaires, & Choriftes; permettre auxdits Chapelains qui feroient couchez fur lefdites Tables, de commettre en leur lieu & place pour faire lefdites fonctions tel que bon leur fembleroit defdits Chantres Vicaires Choriftes en cas de legitime empêchement, le tout fans prejudice à la fimplicité de leurs Benefices. Et en oûtre de leur permettre de faire informer pardevant tels Huiffiers qu'il plairoit à la Cour commettre, de ce que Maiftre Jean Crochet l'un defdits Chanoines, s'eftant faifi du Livre de la Pointe, auroit marqué plufieurs defdits Chapelains à differentes fois abfens du Service Divin, quoyqu'ils y fuffent prefens, pour l'information faite, rapportée & communiquée au fieur Procureur General, eftre ordonné ce que de raifon. Sur laquelle Requefte auroit efté mis, en plaidant le 21. de Juin 1664. fignifiée le 23. du même mois & an. Autre Copie de Requefte prefentée audit Parlement par lefdits

Chapelains, à ce qu'il leur fût permis d'informer des violences qui leur auroient esté faites à l'entrée du Chapitre les 30. Decemb. 1664. & 7. Janv. 1665.
& autres faits contenus en ladite Requeste, circonstances & dépendances,
& ordonné que les Tables seroient reformées & dressées en la maniere accoûtumée sans aucune augmentation. Qu'il seroit procedé à nouvelle élection
d'Officiers de ladite Communauté aussi en la maniere accoûtumée, à la pluralité des voix, tant desdits Chanoines que Chapelains. Et celuy desdits Chanoines & Chapelains qui seroit nommé en la chage de Receveur, seroit obligé de donner bonne & suffisante caution, conformément au Reglement general du 23. Janvier 1639. & en declarant le bail fait à la Damoiselle de la
Barre nul & de nul effet, ordonné, que nouveau bail seroit fait de la Maison
qu'elle occupoit en la maniere ordinaire, & publications prealablement reï-
terées au Prosne de ladite Eglise, avec iteratives défenses ausdits Doyen &
Chanoines, de plus refuser ausdits Chapelains l'entrée dudit Chapitre, de
rien innover, ni faire aucun Acte concernant ladite Communauté, sans la
participation & les suffrages desdits Chapelains, à peine de nullité & de tous
dépens, dommages & interests. Sur laquelle Requeste auroit esté mis : viennent le 3. Juillet 1665. signifiée lesdits jour & an. Acte Capitulaire du 10. Avril
1671. par lequel ledit Chapitre auroit augmenté les distributions du Chœur.
Autre Acte Capitulaire du 29. Avril 1527. qui ordonne une distribution pour la
Procession de la Ville-l'Evesque. Autre Acte Capitulaire du 11. Mars 1571. qui
auroit pareillement ordonné une distribution à la Procession qui se devoit faire
pour l'entrée du Roy Henry III. Autre Acte Capitulaire du 14. Janvier 1572.
concernant la distribution du pain, tant aux Chanoines qu'aux Chapelains &
Vicaires. Autre Acte Capitulaire du 2. Septemb. 1572. par lequel il auroit aussi
esté ordonné une distribution à une Procession. Autre Acte Capitulaire de 15.
Juillet 1664. portant qu'au lieu de huit sols qui se distribuoient par jour à ceux
qui assistoient à l'Office Canonial, il seroit distribué douze sols par jour. Autre
Acte Capitulaire du 7. Janvier 1665. par lequel le Bail fait d'une maison occupée par le nommé Collin & les sieur & Damoiselle de la Barre, auroit esté re-
nouvellé. Autre Acte Capitulaire dudit jour 7. Janvier 1665. portant que le Bail
de ladite maison seroit fait audit Collin, sieur & Damoiselle de la Barre. Reque-
te presentée audit Parlement par lesdits Chapelains, à ce que deffenses fussent
faites ausdits Doyen, & Chanoines de ladite Eglise de S. Germain, de marquer
ou faire marquer par le Pointeur pour presens ceux d'entr'eux qui auroient été
absens, ni de cotter ou faire cotter pour absens ceux desdits Chapelains qui auroient esté presens; & en consequence lesdits Doyen & Chanoines condamnez de rapporter ce qu'ils auroient receu pour les jours qu'ils auroient esté
absens depuis le commencement de l'Instance d'entre les Parties intentée
aux Requestes du Palais, pour estre rétablies les portions deuës ausdits Chapelains aux jours qu'ils auroient esté reputez absens, quoy que presens, &
le surplus partagé en la maniere accoûtumée, & à restituer ausdits Chape-

C ij

lains les diſtributions manuelles qui leur auroient eſté retenuës pendant ladite Inſtance, enſemble les abſences ordinaires, neceſſaires, ou legitimes
pour leurs affaires, ſuivant l'état qui feroit baillé par leſdits Chapelains. Sur
laquelle Requeſte auroit eſté mis, viennent le 3. Juillet 1665. ſigniſiée ledit
jour. Dix-huit Actes Capitulaires depuis le premier Aouſt 1405. juſqu'au 6.
Octobre 1659. par leſquels il paroiſt que leſdits de Chapitre auroient tenu
preſens les Doyen & Chanoines de ladite Egliſe, pendant le temps qu'ils auroient eſté employez à leurs affaires ou autres neceſſitez de s'abſenter. Autre
Requeſte preſentée audit Parlement par leſdits Chapelains, à ce qu'il fût ordonné que dans trois jours pour tout delay, ou tel autre temps qu'il plairoit à la Cour, ledit Crochet lors Receveur feroit tenu de donner bonne
& ſuffiſante caution de la recepte des biens de la Communauté, ſinon & à
faute de ce faire dans ledit temps, & iceluy paſſé, qu'il ſeroit procedé à nouvelle élection d'un Receveur, qui ſeroit tenu pareillement de donner caution & faire ſa declaration des ſommes qu'il avoit appartenant à ladite Communauté & des eſpeces, ſinon qu'il répondroit de la tare en ſon nom. Que
les Doyen & Chanoines ſeroient tenus de continuer à faire celebrer le Salut fondé par le ſieur de Santeüil inceſſamment & ſans aucune intermiſſion,
tous les Dimanches de l'année à l'iſſuë de Complies, ainſi qu'il s'eſtoit pratiqué
depuis la fondation d'iceluy, & que deffenſes fuſſent faites auſdits Doyen &
Chanoines d'innover en leurs habillemens ni en aucune choſe à peine d'a-
mende arbitraire; ſur laquelle Requeſte auroit eſté mis, ſoit montré au Procureur General du Roy, du 16. Mars 1666. Concluſions dudit ſieur Procureur General, que les parties ouyes au Parquet, ou leur conſeil, il feroit ce
que de raiſon, ſigniſiée le 23. dudit mois de Mars. Acte de reception d'un
Chanoine Clerc audit Chapitre, du 27. Avril 1513. avec Chappe & en
Chaperon, comme eſtant ſimple Clerc. Copie collationnée de Sentence
du ſieur Archeveſque de Paris du dernier May 1666. ſur la Requeſte deſdits Doyen, Chanoines & Chapitre, par laquelle il auroit entr'autres cho-
ſes réduit les Saluts fondez en ladite Egliſe de S. Germain par le ſieur de
Santeüil & ſa femme, à un par chacun premier Dimanche de chaque mois;
les trois Saluts fondez par Mathieu Regnault pour les jours de Paſques,
Pentecoſte & Aſſomption de la Vierge, & celuy fondé par Guillaume Orange, à deux pour leſdits jours de Paſques & de l'Aſſomption. Autre Requeſte preſentée audit Parlement par leſdits Chapelains le 27. Octobre 1668. à
ce que toutes les Tables tant des Chapitres generaux que de la Communauté,
& celles des années 1663. & ſuivantes payées aux dépens d'icelle, & dreſſées
par Maiſtre Pierre Broüillard Chapelain, fuſſent reformées tant à raiſon du
titre que du contenu en icelles, avec deffenſes d'en changer ni alterer le titre à l'avenir, à peine de 500. livres d'amende, & que ſur celles des Chapitres generaux ſeroient couchez ſans difference les Chanoines & Chapelains
en la maniere de celles de l'année 1662, & autres precedentes. Qu'aux Cha-

pitres generaux, tant les Chanoines que Chapelains fuſſent appellez par le Greffier de la Communauté à voix intelligible, ſelon l'ordre qu'ils ſe trouveront couchez ſur leſdites Tables, deſquelles feroient rayez ceux qui ſe trouveroient avoir eſté abſens audit Chapitre, s'ils n'eſtoient legitimement empêchez, pour ſuivant leſdites Tables eſtre chacun deſdits abſens Chanoines & Chapelains privez de la ſomme de 12. ſols 6. deniers contenus eſdites Tables, leſquelles abſences feroient miſes à la manſe commune : Que la ſomme de 12. ſols 6. deniers, qui doit eſtre diſtribuée auſdits Chapelains qui ſe trouveroient en avoir eſté privez injuſtement pendant le cours de la preſente Inſtance, comme ont eſté en l'année 1665. Maiſtre Jean Benoiſt, Germain Romecan, Carentan & de la Foſſe le 7. Janvier 1668. & au contraire leſdites ſommes rapportées par chacun deſdits Chanoines, qui auroient receu au prejudice de leurs abſences depuis l'origine du different des Parties. Que les Tables des quartiers de ladite Communauté, pour les preſens au Service divin, feroient auſſi reformées & réduites en la maniere qu'elles avoient eſté avant l'intruſion dudit Broüillard, ce faiſant que leſdits Chantres & Vicaires feroient rayez de l'ordre qu'ils tenoient ſur icelles, pour eſtre couchez en une autre particuliere ſeparée, dreſſée pour les ſeuls Stipendiaires ; & pour les avoir ainſi couchez au deſſus deſdits Titulaires Chapelains, que leſdits Broüillard & Chanoines feroient condamnez en l'amende. Que le livre de la pointe & extraits des abſens dreſſez en la forme de ceux de l'année 1667. fuſſent inceſſamment repreſentez par leſdits Chanoines, pour ſuivant iceux, eſtre leſdites Tables reformées, & par les ſieurs Seguin, Chappelier & autres deſdits Chanoines, qui auroient eſté tenus pour preſens pendant leurs abſences ſans une permiſſion expreſſe de ladite Communauté, les ſommes rapportées à la manſe commune à proportion de leurs abſences ; & au contraire les ſommes injuſtement retenuës auſdits Chapelains par l'ordre deſdits Chanoines inceſſamment reſtituées, ſuivant les procès verbaux dreſſez par chacun des quartiers deſdites années lors du payement des Tables. Que la ſomme retenuë à Maiſtre Charles Pèchon pour le temps du mois qu'il s'eſt abſenté luy fût reſtituée par le Receveur de la Communauté. Que les diſtributions tant groſſes que menuës retenuës pour abſences ou autrement depuis l'origine de l'inſtance, feroient reſtituées à Maître Nicolas de la Foſſe l'un deſdits Chapelains leur Agent, avec deffenſes de les luy plus retenir à l'avenir, ou à celuy qui feroit par eux choiſi pour faire ladite fonction, en cas qu'il arrive different entre leſdites Parties, & ſans auſſi que leſdits Chanoines puſſent de leur part faire tenir pour preſens leurs Confreres en plus grand nombre que leſdits Chapelains, ſous pretexte d'agence ou direction de leurs affaires. Que Maiſtre François le Clerc l'un deſdits Chanoines fût tiré des Tables ſur leſquelles il ſe trouveroit couché, comme penſionnaire de ladite Communauté, avec deffenſes de le plus coucher ſous ce titre d'icelle Communauté aſſemblée : Et ayant égard à l'op

C iij

poſition formée par leſdits Chapelains au payement & arrêté des Tables, que deffenſes fuſſent faites à Maiſtre Jean Crochet Chanoine de les employer en ſes comptes, qu'elles n'euſſent eſté prealablement reformées, ſauf audit Crochet à ſe pourvoir contre ceux qu'il aviſera bon eſtre, pour la repetition des ſommes mal payées tant audit ſieur le Clerc qu'aux autres Chanoines. Que la penſion d'étude requiſe par Maiſtre François Chambrehault Chapelain l'un des Etudians, luy ſeroit reſtituée depuis le jour de ſa requiſition de 200. l. par an, ſuivant la taxe pretenduë en faveur dudit le Clerc. Qu'il fût procedé à l'élection d'un Organiſte en la place du deffunt nommé Damour, à la pluralité des voix des Chanoines & Chapelains Capitulans aſſemblez. Que les portions des maiſons affectées depuis long-temps au logement deſdits Chanoines & Chapelains, fuſſent rétablies ſans aucune diminution ni ſeparation, ainſi qu'elles eſtoient lors du logement de Maiſtre Jean du Buha l'un deſdits Chapelains, avec deffenſes auſdits Chanoines & autres de plus diſpoſer deſdits logemens en telle maniere ni pour tel motif que ce put eſtre, qu'il n'en eût eſté deliberé par ladite Communauté & ſuivant ſes ordres. Qu'ayant égard aux oppoſitions formées par leſdits Chapelains les 7. Janvier 1667. & ... Juillet 1668. il fut ordonné qu'il ſeroit inceſſamment procedé à l'election nouvelle d'Officiers de ladite Communauté à la pluralité des voix des Chanoines & Chapelains, ſans que le Receveur d'icelle qui ſeroit éleu pût proceder à ladite recepte, qu'il n'eût auparavant donné bonne & ſuffiſante caution, & icelle fait recevoir par ladite Communauté. Que les Contracts de fondations & de rentes leguées à la Communauté par Maiſtres Pierre Meſnager & Mathurin Goſſier Chapelains, & quittances des rachapts d'icelles fuſſent rapportez comme alterez & vicieux, pour eſtre leſdits Actes ratifiez par ladite Communauté & dreſſez au nom d'icelle, ſans que leſdits Chanoines y puſſent faire inſerer à l'avenir aucuns Actes de leurs déliberations particulieres & autres pieces à l'inſceu & ſans la participation deſdits Chapelains, & pour l'avoir fait, que leſdits Chanoines ſeroient condamnez en l'amende & aux dépens dommages & intereſts dudit Pêchon, & leſdits Chanoines injuſtes détenteurs deſdites ſommes procedans deſdits rachapts auſſi condamnez à la reſtitution du principal & intereſts d'icelles envers ladite Communauté, pour eſtre par elle remplacée à ſon profit au deſir des Teſtamens deſdits Meſnager & Goſſier. Que deffenſes fuſſent faites de paſſer à l'avenir des Actes d'acceptation de rachapts ou autres concernans ladite Communauté, ſinon aux lieux & jours de l'aſſemblée d'icelle, dans leſquelles ſeroient mandez les Notaires & autres perſonnes à ce neceſſaires, pour y proceder en preſence & ſuivant les reſolutions qui en ſeroient priſes à la pluralité des ſuffrages. Que le Greffier commun fût obligé de délivrer les Actes avec les oppoſitions & remontrances ſi aucunes y avoit, qui ſeroient par luy inſerées dans le Regiſtre des Déliberations communes, ſans qu'il fût permis d'y tranſcrire ce qui n'avoit pas eſté délibeté en preſence & à la pluralité des ſuffrages, bien qu'il luy fût envoyé par lefdits Chanoines en forme de Memoire ou Actes, comme avoient efté ceux des 19. Juillet 1667. 7. Janvier 1668. & autres remplis d'injures contre lefdits Chapelains, lefquels à cet effet feroient declarez nuls, rayez & biffez defdits Regiftres communs, avec défenfes audit Greffier de plus récidiver. Que défenfes fuffent faites audit Greffier d'intituler aucuns defdits Actes refolus, tant des Chapitres generaux que de ladite Communauté, au nom defdits Chanoines feuls, avec les mots de Chapelains mandez & appellez, comparans, Remontrances faites ou autres femblables, mais au nom & comme Actes Capitulaires de ladite Affemblée commune, compofée defdits Chanoines & Chapelains conjointement Capitulans en icelle aux lieux & jours ordinaires, dont l'entrée feroit également libre après le fon de la Cloche y pofée & deftinée à cet effet. Que le Bureau du Chapitre commun fût libre également auxdits Chanoines & Chapelains. pour pouvoir eftre pris également communication des Pieces y expofées concernant ladite Communauté, à l'effet dequoy qu'il feroit tiré & enlevé inceffamment certaine feparation de planches dreffées par lefdits Chanoines à deffein de fe difcerner defdits Chapelains, & leur pouvoir empêcher quand bon leur fembleroit de prendre ladite communication. Que reftitution fût faite auxdits Chapelains des fommes reçûës par le Chapitre pour un pretendu droit d'Entrée, avec défenfes aux Chanoines Collateurs defdites Chapelles fur peine de cinq cens liv. d'amende, de requerir aucune chofe par maniere d'Entrée ou autrement de ceux qui feroient pourvûs cy-après des Chapelles, fans prejudice du payement que lefdits Chanoines avoient accoutumé de faire à ladite Communauté lors de leur Reception, pour eftre les deniers d'iceux diftribuez également auxdits Chanoines & Chapelains, avec reftitution par ledit Crochet auxdits Chapelains de moitié defdites fommes à eux dûës. Que le nommé Largeau Adjudicaire de la Maifon où pend pour Enfeigne la Croix-Blanche appartenante à ladite Communauté, fût tenu de fournir inceffamment à ladite Communauté bonne & fuffifante caution, fuivant les claufes de fon Bail, pour la fûreté des Loyers d'icelle, montans à la fomme de 686. liv. par an, de laquelle ne luy pourroit eftre fait aucune diminution, dont refteroient refponfables envers ladite Communauté ceux defdits Chanoines qui auroient déchargé ledit Largeau par ce pretendu Acte du 7. Janvier 1668. au prejudice defdits Chapelains. Que la Maifon de ladite Communauté adjugée à Maiftre Philippe Chapellier, comme dernier Encheriffeur, & par lui détruite au prejudice de la dénonciation faite de nouvelle œuvre par lefdits Chapelains, fût par luy rétablie en l'état où elle étoit lors de ladite Adjudication; & en confequence le Corps de Logis par lui érigé au lieu & place d'icelle au préjudice de l'Arreft du Confeil du 20. Aouft 1667. démoli, fans que Maiftre Jean Crochet faifant la fonction de Receveur, pût aucunement employer en fes Comptes de la Communauté la fomme de 1500. livres pour ce accordée audit fieur Chappelier par cabale au prejudice de l'oppofition du 9. Mars 1668. duëment fignifiée aux perfonnes defdits Chappellier, Crochet, Colombet & autres, qui refteroient refponfables l'un pour l'autre folidairement des pertes que la Communauté pouvoit fouffrir ci-après à caufe de la contravention par eux faite audit Arreft du Confeil ; comme auffi ledit Chappelier condamné tant au rétabliffement des Fôffes des Sieges & Ayfances par luy détruites en ladite Maifon, qu'aux démolitions de ceux par luy établis en celle de Maiftre Romecan, & les rétablir en l'état qu'ils étoient avant ladite entreprife, dont la temerité feroit punie par le payement de l'amende à laquelle lefdits Chappelier & Crochet feroient condamnez. Qu'en procedant au Jugement des fuppreffions & réductions des Saluts fondez par le fieur de Santeüil, en confequence de la Sentence du fieur Archevefque de Paris du dernier May 1666. par lefdits Chanoines feuls, il leur fût auffi enjoint de rétablir les Saluts fondez par les fieurs Regnault & Orange Preftres, & que lefdits Chapellains fuffent reçûs appellans comme d'abus tant de ladite Sentence, que de celle de l'Official de Paris du 19. Dec. 1655. émandant & faifant droit fur lefdites appellations, condamner lefdits Chanoines à rendre & reftituer auxdits Châpelains la fomme de 268. liv. par eux retenus fous pretexte des frais & dépens, qu'ils difoient avoir fait taxer à l'Officialité, au prejudice de l'appel de ladite Sentence, avec les interefts, à compter du jour qu'elle avoit efté retenuë, avec dépens. Tables de diftributions du Chœur de ladite Eglife de Saint Germain, des années 1544. 1553. 1554. & 1555. par lefquelles il paroift que les Chapelains & Vicaires de ladite Eglife font mis dans les mêmes Tables, & les Chanoines dans d'autres. Actes Capitulaires depuis 1512. jufques à 1658. par lefquels il paroift auffi que le Chapitre de ladite Eglife feul auroit nommé & établi les Officiers d'icelle. Autre Acte Capitulaire du dernier Aouft 1666. par lequel les Chambres qu'occupoit le fieur le Clerc ancien Chanoine de l'Eglife de Saint Germain, auroient efté adjugées à Maiftre Pierre du Buha Chapelain, pour la fomme de 36. livres par an pendant fa vie Capellaniale. Copie collationnée de Quittances du 30. Septembre 1670. de Maiftres le Grand & Nigon Chanoines de ladite Eglife de S. Germain, tant pour eux que comme députez des autres Chanoines & Chapitre de ladite Eglife, données audit Crochet auffi Chanoine d'icelle & Receveur dudit Chapitre & Communauté, de la fomme de 10000 liv. pour le rachat de 500. livres de rente dûë audit Chapitre par ladite Communauté, dont il y avoit 1100. liv. des deniers de ladite Communauté, & qui eftoient dans le coffre dudit Chapitre, provenans fçavoir, 600. livres du rachat fait de 33. liv. 6. fols 8. deniers de rente leguée à ladite Communauté par défunt Maiftre Pierre Mefnager Chapelain, & 500. livres provenans auffi du rachat fait de 25. livres de rente pareillement leguée à ladite Communauté par Maiftre Mathurin Goffier ; au bas eft un Acte Capitulaire du 23. dudit mois de Septembre, par lequel lefdits de Chapitre auroient prié ledit Crochet de faire le remboursement de ladite fomme de 10000. livres, & député lefdits le Grand &

Nigon

Nigon pour le recevoir, & l'Acte de ratification dudit rachapt par lesdits de Chapitre le 18. Novembre audit an 1670. Autre Acte Capitulaire du 19. Juillet 1667. par lequel il auroit esté ordonné que ladite somme de 600. livres, seroit mise au coffre de ladite Communauté, & qu'à cet effet les dépositaires des clefs d'iceluy les apporteroient, à quoy ledit Pêchon Chapelain dépositaire de l'une desdites clefs, & lesdits Romecan, de la Fosse & Carentan aussi Chapelains s'estant opposez, le Chapitre auroit arresté que ladite somme seroit mise dans le coffre dudit Chapitre par forme de dépost, jusques à ce que ledit Pêchon eust apporté ladite clef; & attendu l'absence de Roger Greffier, ledit Chapitre auroit nommé le sieur Fortin Chanoine pour écrire ledit Acte au Registre. Autre Acte du Chapitre general du 7 Janvier 1668. par lequel ledit Chappellier Chanoine, auroit esté prié de continuer le soin des affaires dudit Chapitre, & ledit Crochet aussi Chanoine la Recepte de la Communauté, à quoy lesdits Pêchon & Carentan se seroient opposez. Acte de prise de possession & reception des années 1616. 1634. 1639. & 1664. faites par ledit Chapitre de plusieurs personnes pourvuës de Canonicats en ladite Eglise de saint Germain, avec un Acte contenant la forme du serment desdits Chanoines. Un autre Acte Capitulaire du 7. Janvier 1668. par lequel ledit Largeau auroit esté déchargé de bailler caution pour le loyer de la maison qu'il occupoit, à la charge de payer par avance suivant ses offres. Adjudication faite par ledit Chapitre le 6. Septembre 1667. audit Chappellier de la maison qu'occupoit ledit défunt Aubin, dépendante de la Communauté. Autre Acte du 6. Mars 1668. par lequel il auroit esté arresté qu'il seroit employé jusques à la somme de 1500. livres pour reparer ladite maison. Actes d'appel comme d'abus des 23. Janvier & 5. Fevrier 1665. interjettés par lesdits Chapelains d'une Sentence renduë en l'Officialité de Paris, le 29. Decembre 1655. Acte Capitulaire du 11. Mars 1664. par lequel il auroit esté arresté que lesdits Benoist & Chambrehault Chapelains seroient tenus de comparoître au Chapitre lors prochain, & rendre compte pourquoy ils avoient manqué à faire Diacre & Sous-Diacre suivant les Tables de l'Office, pour eux oüys estre ordonné par ledit Chapitre ce que de raison. Exploit de signification dudit Acte auxdits Benoist & Chambrehault du 12. dudit mois de Mars, & leur réponse que le jour qu'ils estoient inscrits auxdites Tables pour faire lesdites fonctions, ledit Chambrehault estoit à la campagne, & ledit Benoist malade, & qu'ils n'avoient pû deviner une chose qui ne s'estoit jamais pratiquée, joint que le même jour pour obvier à cette nouveauté que lesdits Doyen & Chanoines vouloient introduire, il leur auroit esté signifié une Requeste de tous lesdits Chapelains, sur laquelle auroit esté ordonné que les Parties seroient sur ce oüies au Parquet, & qu'ainsi lesdits Chambrehault & Benoist protestoient de nullité de tout ce qui auroit esté, & pouroit estre fait & ordonné au préjudice de ladite Reque-

D

fte. Acte Capitulaire dü 21. Avril 1664. par lequel fur le refus fait par lefdits Carentan & de la Fofle de porter Chappes fuivant les Tables de l'Office, il auroit efté arrefté qu'ils feroient mandez au Chapitre. Autre Acte Capitulaire du 22. dudit mois d'Avril, portant que lefdits de la Fofle & Carentan feroient de nouveau mandez & tenus de comparoître au Chapitre lors prochain, faute de quoy il feroit procedé contre eux ainfi que de raifon, à eux fignifié le 23. dudit mois d'Avril. Autre Acte Capitulaire du 29. du méme mois d'Avril, par lequel il auroit efté arrefté que lefdits Carentan & de la Fofle feroient derechef mandez au premier Chapitre pour rendre raifon de leurs manquemens, & faute d'y fatisfaire, qu'ils feroient privez de leurs diftributions. Acte d'appel comme d'abus du 28. dudit mois d'Avril, interjetté par lefdits Carentan & de la Fofle dudit Acte Capitulaire du 22. dudit mois d'Avril. Autre Acte d'appel comme d'abus du 2. May 1664. interjetté par lefdits Carentan & de la Fofle dudit Acte Capitulaire du 29. dudit mois d'Avril. Requefte prefentée au Parlement par lefdits Doyen, Chanoines & Chapitre de ladite Eglife faint Germain, à ce que lefdits Chapelains fuffent tenus de communiquer au Parquet, fur l'appel comme d'abus par eux interjetté dudit Acte Capitulaire du 29. dudit mois d'Avril pour eftre reglé fur iceluy, fur laquelle Requefte auroit été mis, foit montré au Procureur General du Roy, le 5. May 1664. fignifiée ledit jour. Autre Requefte prefentée à l'Official de Paris par lefdits Doyen, Chanoines & Chapitre, à ce qu'il leur fût permis de faire affigner pardevant ledit Official lefdits Romecan & Pêchon Chapelains, pour eftre oüys & répondre fur le contenu en ladite Requefte circonftances & dependances, & fe voir faire injonction d'obeïr au fieur Chantre, & faire les fonctions qui leur feroient prefcrites par les Tables conformément aufdits Jugemens & Arrefts, avec deffenfes d'y contrevenir ny caufer aucun trouble ou fcandale en la celebration du Service divin, à peine de privation de leurs diftributions & fufpenfion des fonctions de leurs Ordres facrez. Et pour le fcandale par eux commis qu'ils feroient privez de leurs diftributions pendant quinze jours, & condamnez en telle aumône qu'il plairoit au fieur Promoteur de conclure, requerans à cette fin fa jonction, & offrans verifier en cas de dény. L'Ordonnance eftant au bas de ladite Requefte du 20. May 1664. portant permiffion d'affigner aux fins d'icelle lefdits Romecan & Pêchon, à eux fignifiée, avec affignation ledit jour 20. May. Acte Capitulaire du mefme jour 20. May portant qu'en continuant la plainte faite audit Official du fcandale commis par lefdits Romecan & Pêchon, il feroit encore d'abondant fait plainte defdits defordres & fcandale. Acte d'appel comme d'abus du 23. dudit mois de May, interjetté par lefdits Romecan & Pêchon de l'Ordonnance dudit fieur Official. Autre Requefte prefentée au Parlement par lefdits de Chapitre, à ce que lefdits Romecan & Pêchon fuffent tenus de venir communiquer au Parquet fur ledit appel comme d'abus pour eftre reglez, fur laquelle auroit efté mis, foit montré au Procureur General du Roy, le 24. dudit mois de May, fignifiée ledit jour. Ordonnance renduë par ledit Official le 3. Octobre 1664. par laquelle fur la plainte dudit Chantre de ladite Eglife Saint Germain, il auroit efté ordonné que ledit Carentan feroit cité perfonnellement pardevant ledit Official, pour répondre fur les charges & informations contre luy faites, avec l'exploit d'affignation en confequence du 6. dudit mois d'Octobre. Sentence par defaut renduë par ledit Official le 7. dudit mois d'Octobre, portant que ledit Carentan feroit réaffigné, & cependant jufques à ce qu'il eût comparu, interdit de toutes fonctions de fes Ordres facrez en la Ville & Diocéfe de Paris. Acte d'appel comme d'abus de ladite Sentence interjetté par lefdits Chapelains & Carentan, du 10. dudit mois d'Octobre. Copie d'Arreft du Parlement du 7. dudit mois d'Octobre qui reçoit lefdits Chapelains appellans defdites Ordonnances & Sentences, & ordonne que les informations contre ledit Carentan feroient portées au Greffe de ladite Cour, & l'Arreft du premier Avril 1664. executé, avec défenfes de rien innover, & de faire pourfuites ailleurs qu'en ladite Cour, & à tous Huiffiers & Sergens de mettre à execution le Decret de Prife-de-Corps contre ledit Carentan, jufques à ce que autrement en ait efté ordonné par ladite Cour, fignifié ledit jour 7. Octobre. Acte Capitulaire du 11. Mars 1664. portant que lefdits Benoift & Chambrehault rendroient compte au premier Chapitre de ce qu'ils ont manqué à faire Diacre & Soudiacre, fuivant les Tables de l'Office. Appel comme d'abus interjetté par lefdits Chapelains le 14. dudit mois de Mars du fufdit Acte Capitulaire. Autre Acte du Chapitre General de ladite Eglife Saint Germain du 7. Janvier 1665. par lequel fur le defaut fait par lefdits Benoift & Chambrehault d'y avoir comparu, aprés y avoir efté appellez par noms & furnoms pour recevoir les remonftrances ordinaires, auroit efté ordonné que faute par eux d'y comparoir au premier Chapitre, il y feroit pourvû. Autre appel comme d'abus du 8. dudit mois de Janvier, interjetté par lefdits Benoift & Chambrehault dudit Acte Capitulaire. Autre Acte du 13. Avril 1665. portant que Maiftre Nicolas de la Foffe feroit mandé au premier Chapitre pour eftre admonefté de parler avec plus de refpect, & porter honneur audit Chapitre, & tenu d'y comparoir quand il y feroit appellé. Appel comme d'abus interjetté par lefdits Chapelains le 13 dudit mois d'Avril du fufdit Acte Capitulaire. Autre Acte Capitulaire dudit Chapitre du 27. dudit mois d'Avril, portant qu'il feroit furfis à l'execution dudit Acte, & que lefdits Chapelains feroient pourfuivis fur ledit appel. Autre Acte Capitulaire dudit jour 13. Avril 1665. par lequel lefdits Chapelains ayant efté admoneftez de fe comporter avec plus d'affiduité, modeftie & affiftance au Service Divin, & de vivre en bons Ecclefiaftiques, & fommez de fe retirer pour laiffer la liberté au Chapitre de déliberer fur les nouvelles infultes & interruptions dudit Maiftre Nicolas de la Foffe, à quoy n'ayant voulu fatisfaire, le Chapitre auroit arrefté qu'ils feroient privez des Diftributions qui fe font aux Chapelains qui comparoiffent au Chapitre General, & lecture leur ayant efté faite dudit arrefté, & fommez de fe retirer, ils y auroient obéi. Autre appel comme d'abus dudit jour 13. Avril interjetté par lefdits Chapelains dudit Acte Capitulaire. Requefte prefentée au Parlement par lefdits Doyen, Chanoines & Chapitre, à ce qu'ils fuffent reçûs oppofans à l'execution d'un Arreft de verification de Lettres Patentes confirmatives du droit de Commitimus pretendu par lefdits Chapelains du 30. Avril 1658. & faifant droit fur leur oppofition, ordonner que l'Arreft contradictoire du 17. Juin 1658. feroit executé, ce faifant, lefdits Chapelains renvoyez pardevant le Prevoft de Paris, fur laquelle auroit efté mis en plaidant faffent leur Requefte du 15. Mars 1663. fignifiée ledit jour. Commiffion decernée par l'Official de Paris, & Affignation du 13. May 1664. baillée en confequence à la requefte defdits de Chapitre audit Maiftre Charles Pêchon Chapelain en ladite Eglife pour répondre fur le fait des fcandales arrivez dans le Cloiftre d'icelle, à caufe d'un Cabaretier qui eftoit logé en la Maifon dépendante de la Chapelle dudit Pêchon, voir dire & ordonner qu'il logeroit en ladite Maifon, & en feroit fortir ledit Cabaretier, avec défenfes de louer à l'avenir ladite Maifon à des Cabaretiers & autres gens qui peuvent caufer du fcandale ; & pour l'avoir louée à tels gens fe voir condamner en telle amende que de raifon, & aux dépens. Defaut à l'encontre dudit Pêchon & l'Exploit de réaffignation des 14. & 16. dudit mois de May. Acte Capitulaire du 16. Mars 1657. portant que lefdits Chapelains feroient avertis de faire vuider les Cabarets qui fe tenoient dans les Maifons dépendantes de leurs Benefices, finon & à faute de ce faire, qu'il feroit procedé contre eux par privation de leurs diftributions. Procès-verbal du 13. Janvier 1664. du Commiffaire Galeran, de plaintes à luy faites par trois diverfes perfonnes des fcandales & defordres arrivez au Cloiftre dudit Saint Germain l'Auxerrois en la Maifon d'un Tavernier. Sentence du Chaftelet de Paris du 22. Fevrier 1600. par laquelle défenfe auroit efté faite à Maiftre Pierre Scellier Chapelain de ladite Eglife de Saint Germain, de recevoir en fa Maifon gens diffolus & de mauvaife vie. Requefte prefentée au Parlement par ledit Chapitre, à ce que lefdits Chapelains fuffent tenus d'ajoûter dans tous les Actes, Procedures & Inftances auxquels ils font mention des Doyen & Chapitre, ce mot de, *Chapitre*, comme eftant une qualité infeparable d'eux, comme auffi qu'en toutes Actions, Procedures & Inftances qu'ils feront cy-après tant publiques que particulieres, où les Doyen & Chanoines feront nommez, d'y ajoûter le mot de, *Chapitre*, comme compofant feuls iceluy dans ladite Eglife, à peine de mille liv. d'amende, applicable à l'Hôpital General, fur laquelle Requefte auroit efté mis en plaidant le 24. Janv. 1665. fignifiée ledit jour. Autre Requefte prefentée audit Parlement, par

lefdits de Chapitre, à ce qu'il fût ordonné qu'en venant plaider fur les Requeftes prefentées par ledit Chapitre, & particulierement fur celle du 15.
Avril lors dernier, à ce que le pretendu Concordat & Union faits entre lefdits Chapelains le 15. Février 1658. fût declaré nul, avec défenfes de s'en
fervir & de s'affembler à l'avenir, & qu'ils feroient tenus de venir plaider fur
l'appel comme d'abus qu'ils auroient interjetté d'un Acte Capitulaire du 24.
Juillet 1665. & ce faifant qu'il feroit executé,& fuivant icelui, tenus de venir
audit Chapitre figner le Formulaire, ainfi qu'avoient fait aucuns defdits Chapelains, Vicaires, & autres Beneficiers Ecclefiaftiques de ladite Eglife, &
à eux fait défenfes de s'affembler à l'avenir, & de faire aucuns Actes ni Déliberations particulieres entre eux, à peine de privation de leurs Diftributions,
dépens, dommages & interefts; fur laquelle Requefte auroit efté mis en plaidant, fignifée le 15. May 1666. Formulaire contre les Opinions nouvelles,
figné tant des Doyen & Chanoines que des Chapelains, Vicaires & Habituez
de ladite Eglife de Saint Germain du 7. Juillet 1562. Acte Capitulaire du 25.
jour de Juin 1661. par lequel il paroift que le Formulaire de Foy envoyé par
les Vicaires Generaux auroit efté pareillement figné dans le Chapitre tant par
les Doyen & Chanoines, que par les Chapelains, Vicaires & Habituez de ladite Eglife de Saint Germain. Autre Acte Capitulaire du dix neuviéme Novembre audit an mil fix cent foixante-un, portant que tous les Beneficiers
& Ecclefiaftiques feroient mandez pour figner autre Formulaire. Autre Acte
Capitulaire du 22. dudit mois de Novembre, par lequel il paroift que tant
lefdits Doyen que Chanoines & autres Ecclefiaftiques de ladite Eglife ont
figné ledit Formulaire dans ledit Chapitre. Autre Acte Capitulaire du 7. Juin
1664. contenant que lefdits Doyen, Chanoines, Chapelains, Vicaires & autres Ecclefiaftiques de ladite Eglife de S. Germain ont figné dans ledit Chapitre un autre Formulaire. Requefte defdits Doyen, Chanoines & Chapitre,
prefentée au Parlement. à ce qu'ils fuffent reçus oppofans à l'execution des
Arrefts des 5. Septembre 1665. & 15. Juillet 1666. & faifant droit fur
leur oppofition défenfes faites auxdits Chapelains de s'en fervir, & ordonné
que l'Arreft contradictoire du premier Avril 1664. feroit executé felon fa
forme & teneur, & lefdits Chapelains condamnez aux dépens : fur laquelle
Requefte auroit efté mis, foit montré au Procureur General du Roy le 30.
Juillet 1666. & fes conclufions, que les Parties ouïes au Parquet, ou leur
Confeil, il feroit ce que de raifon, fignifié ledit jour. Arreft dudit Parlement obtenu par defaut par lefdits Chapelains le 5. Septembre 1665. par
lequel en expliquant l'Arreft du premier Avril 1664. défenfes auroient efté
faites au Chantre de ladite Eglife de S. Germain de coucher à l'avenir fur les
Tables de l'Office lefdits Chapelains pour faire Diacre & Soudiacre, finon
lorfqu'un Chanoine celebreroit ou officieroit, ni pour porter les Chappes
ordinaires, mais feulement celles que les Chanoines portoient en perfonnes,
à la charge d'en ufer moderément par ledit Chantre, fucceffivement à pro-

portion tant des Chanoines que des Chapelains prefens & habiles aux fufdites fonctions, ni d'employer lefdits Chapelains au-deffous des Souchan-
tres Vicaires Choriftes, fans prejudice de la qualité de leurs Chapelles, &
défenfes de marquer fur le Livre de la Pointe lefd. Chapelains comme abfens
lorfqu'ils feroient prefens. Et fur le furplus des demandes defdits Chapelains
& Requeftes defdits Chanoines, les Parties auroient efté mifes hors de Cour &
de procès. Autre Requefte prefentée au Parlement par lefdits de Chapitre,
à ce que défenfes fuffent faites de louer les Maifons de Communauté fifes
dans le Cloiftre de ladite Eglife de S. Germain à gens Laïcs & Etrangers, &
ordonner qu'elles feroient mifes à un prix mediocre & raifonnable, pour lequel
prix, lorfqu'elles vacqueroient, le Chanoine ancien feroit preferé, & ainfi de
degré en degré felon leur ordre & antiquité de reception ; & après, & au refus
defdits Chanoines, les Chapelains qui n'auroient Maifons affectées à leurs
Chapelles, pourroient prendre lefdites Maifons & Logemens felon leur ordre & antiquité entre eux. Qu'il feroit procedé à la paffation des Baux des
Maifons de ladite Communauté qui font hors le Cloiftre & qui feroient
louées à des Laïcs & Etangers, ès jours que lefdits de Chapitre tiennent leur
Chapitre ordinaire, & non aux Chapitres Generaux qu'ils tiennent à chacun
quartier de l'année, pour la correction des mœurs & pour l'ordre de la difci-
pline de l'Eglife & du Service. Que lefdits Chapelains feroient tenus de rendre & reftituer auxdits de Chapitre l'Original de la Chartre de Maurice Evefque de Paris, de l'an 1183. celle du Chapitre de 1225. fcellée du Sceau defdits
de Chapitre : les Titres de Fondation de la Chapelle de Saint Michel fondée par Jacqueline Triftan ; enfemble les Titres & Fondations qu'ils ont
de leurs Chapelles, pour eftre icelles mifes aux Archives defdits de Chapitre afin d'y eftre confervées, fauf à eux à en retenir Copies collationnées.
Comme auffi reftituer les autres Titres qu'ils ont en leurs mains de ladite
Eglife ; & à cette fin que chacun d'eux feroit tenu de faire fa declaration des
Titres & Fondations qu'il auroit en fa poffeffion, ou mis en main tierce, &
fe purger par ferment, s'ils n'avoient point lefdits Titres & Fondations chacun de fa Chapelle, ou s'ils ne les avoient pas mis en main tierce pour enfuite
en faire la reftitution auxdits de Chapitre. Que fuivant & conformément à
leur ferment, aux Statuts de l'Eglife & à la Sentence Arbitrale de l'an 1588.
lefdits Chapelains feroient tenus de faire refidence actuelle & continuelle en
ladite Eglife pour defervir & faire les fonctions du Chœur, & affifter à toutes
les Heures du Service de l'Eglife, fans qu'ils puiffent tenir Benefices requerans
autre refidence, pour raifon defquels ils puiffent eftre excufez de la refidence
& affiftance continuelle qu'ils devoient à toutes les Heures du Service Divin, ni des fonctions qu'ils doivent faire au Chœur de ladite Eglife ; Et où
ils feroient abfens, après avoir efté duëment admoneftez, que lefdits de
Chapitre pourroient pourvoir à leurs Chapelles. Que lefdits Chapelains fuffent condamnez de dire & celebrer les Meffes auxquelles ils font obligez par

leurs fondations dont ils feroient tenus de rendre compte aufdits de Chapitre, fans qu'ils puffent dire ny prendre d'autres Meffes ailleurs aux jours auxquels ils font obligez par leurs Fondations, & en cas que lefdites Fondations ne fe trouvaffent, qu'ils feroient tenus d'acquitter des Meffes pour leurs Fondateurs au prorata des revenus qu'ils retirent de leurs Chapelles : & à cet effet qu'ils feroient tenus de rapporter les Baux qu'ils avoient faits à plufieurs Particuliers tant des maifons, heritages & revenus qu'ils recevoient d'icelles, que des titres & reconnoiffances de redevances qui leur eftoient deuës par des particuliers à caufe de leurfdites Chapelles, pour fuivant iceux regler le nombre des Meffes que chacun d'eux eftoit tenu d'acquitter pour leurfdits Fondateurs, finon & à faute de ce faire, que lefdits revenus feroient faifis & arreftez. Sur laquelle Requefte auroit efté mis, viennent les Parties le 7. Septembre 1668 fignifié le dernier Octobre audit an. Ancienne Formule de Serment fait par les Chapelains de ladite Eglife de S. Germain, par laquelle ils fe feroient obligez à une refidence actuelle & continuelle, & d'affifter au Service de ladite Eglife à toutes les heures tant de jour que de nuit. Sentence des Requeftes du Palais du 9. Janvier 1663. obtenuë par defaut par lefdits Chapelains, portant que Maiftre Claude Fortin Chanoine reprefentera patdevant le fieur le Maiftre Confeiller en ladite Cour, le Regiftre de la Pointe qu'il avoit pris audit Pêchon Chapelain, pour eftre procès verbal dreffé de l'état d'iceluy ; à ce faire contraint par faifie de fon temporel; cependant défenfe audit Crochet de vuider fes mains des diftributions jufques à ce qu'autrement par la Cour en euft efté ordonné, fignifiée ledit jour & an. Autre Sentence contradictoire defdites Requeftes du Palais du 9. Mars audit an 1663. confirmative de celle dudit jour 9. Janvier, fignifiée à la requefte dudit Fortin aufdits de Chapitre & aufdits Broüillard chargé dudit livre de la pointe le 17. dudit mois de Mars. Autre Sentence defdites Requeftes du Palais du 13. Aouft audit an 1663. fur la Requefte defdits Chapelains, portant confirmation de celles des 9. Janvier & 9. Mars precedens, fignifiée le 17. dudit mois d'Aouft. Exploit de commandement fait à la requefte defdits Chapelains audit Fortin, & d'execution de fes meubles faite en confequence, faute d'avoir par luy fatisfait aufdites Sentences, avec l'Exploit de dénonciation faite par ledit Fortin aufdits de Chapitre defdites contraintes. Arreft dudit Parlement du 21. Aouft 1663. fur la Requefte defdits de Chapitre, portant que les Parties feroient tenuës de venir plaider fur icelle, & cependant furfis à la vente des meubles dudit Fortin, fignifié le 13. Septembre audit an. Autre Arreft contradictoire dudit Parlement du 5. May 1664. par lequel la Requefte defdits Chapelains, à ce qu'ils fuffent receus oppofans audit Arreft du 21. Aouft 1663. auroit efté jointe à l'inftance d'entre les Parties fignifié le 23. Juillet audit an. Copie collationnée d'un titre de l'an 1338. par lequel Guillaume Triftan & Ifabeau fa femme auroient fondé la Chapelle de S. Michel au Chœur

& Communauté de ladite Eglife de S. Germain de l'Auxerrois, & donné 20. livres parifis pour employer, fçavoir fix livres de rente annuelle pour le Chapelain, & 14. livres pour eftre affectées à la Communauté defdits Doyen, Chanoines & Chapelains, & ce afin que ledit Chapelain de S. Michel euft part à icelle, & fût des diftributions du Chœur comme les autres. Autre copie d'extrait d'un compte de l'année 1340. par lequel il eft fait mention de ladite fondation, donation & augmentation à icelle, & que de ladite fomme de 20. livres ladite Communauté en prenoit 14. parifis, à ce que ledit Chapelain de ladite Chapelle de faint Michel fuft des diftributions du Chœur, & les autres fix livres parifis demeurant audit Chapelain; & que la maifon fur laquelle ladite rente auroit efté affignée ayant efté ruinée, elle auroit efté baillée à 32. fols parifis de rente admortis, de laquelle ladite Communauté prenoit moitié, & ledit Chapelain l'autre. Acte Capitulaire du dernier Decembre 1568. contenant la declaration faite aufdits Doyen, Chanoines & Chapitre de ladite Eglife de faint Germain par Jullien Perrier Chanoine d'icelle, qui avoit fait baftir de fes deniers la maifon où il de-meuroit affectée aux Chapelains de ladite Chapelle de S. Michel pendant qu'il en eftoit Chapelain, de laquelle il s'eftoit refervé la joüiffance par forme de penfion, en refignant ladite Chapelle, & de laquelle lefdits Chanoines eftoient Collateurs. Provifions & prifes de poffeffions des Chapelles de S. Eu-trope & de S. Nicolas à Jean Guyot Maiftre des Enfans de Chœur & Gabriel Joré Vicaire ou Chorifte du Vicariat de Pontoife, & inftallation d'iceux aux hautes chaires du Chœur des 22. Avril 1583.7. & 15. Novembre 1633. Sen-tence de l'Officîalité de Paris du 23. Octobre 1646. portant condamnation contre Jacques Chanu Chapelain & Jean Rouffel Sous-Clerc dudit S. Germain, pour des fcandales par eux commis. Oppofition formée par lefdits Chanoines du 29. Mars 1665. à la promotion de Maiftre Jean du Buha l'un defdits Cha-pelains à l'Ordre de Diaconat, & Sentence de l'Officîalité de Paris du 29. May enfuivant qui deboute lefdits Chanoines de leurdite oppofition. Appel com-me d'abus des 23. Janvier & 6. Février 1665. interjetté par lefdits Chapelains d'une autre Sentence dudit Official du 10. Janvier 1656. Copie en parche-min collationnée pardevant Notaires d'un Bref du Pape Iunocent III. de l'an 1207. adreffé au grand Archidiacre de l'Eglife de Paris, & autres Commif-faires fur la plainte du Doyen de ladite Eglife de S. Germain, que dans fon Eglife il y avoit des Prebendes affectées à des Preftres, Diacres & Soufdia-cres, & qu'il arrivoit que celuy qui avoit une Prebende d'un Ordre fuperieur là faifant defervir par un Vicaire d'un Ordre moindre, que l'Eglife eftoit fouvent fruftrée du miniftere defdits Chanoines dans l'Office divin; en con-fequence duquel lefdits Commiffaires auroient fait un Reglement, portant que chaque Chanoine feroit refident dans l'ordre de fa Prebende, où auroit fon propre Vicaire refident du mefme Ordre que feroit fa Prebende fi ce n'é-toit qu'il fût d'un Ordre plus grand que fa Prebende ne requiert; auquel cas

il

il feroit fuffifant qu'il fût refident, & ne feroit pas neceffaire qu'il eût un Vicaire dans l'Ordre que fa Prebende le requeroit, ce qui feroit neceffaire s'il
n'eftoit pas refident ; mais qu'il fift défervir en l'Eglife en fa femaine par un
Clerc qui fût de l'Ordre que defire fa Prebende. Que fi quelqu'un faifoit defaut en la Meffe il payeroit douze deniers pour chaque Meffe, s'il faifoit
defaut en l'Evangile, qu'il payeroit fix deniers pour chaque jour & chaque
Evangile ; quatre deniers pour Epitre ; deux deniers pour Leçons, Répons
& *Alleluia*, dont la moitié feroit donnée à la perfonne qui fuppléroit au defaut, l'autre moitié refervée aux Diftributions communes, & que celuy qui
ne feroit refident par lefdits Vicaires, & celui qui feroit defaut dans les chofes fufdites, s'il ne payoit la peine établie, qu'il feroit excommunié. Extrait
d'un Arbitrage des differends d'entre le fieur Evêque de Paris & les Doyen &
Chapitre dudit Saint Germain, du mois d'Avril 1227. par lequel défenfes auroient efté faites auxdits Doyen & Chanoines d'exercer aucune jurifdiction
fur les Clercs & Beneficiers du Chœur de ladite Eglife appartenant audit
fieur Evêque feul. Arreft du Parlement du quatriéme Decembre mil cinq
cent quatre-vingt-un d'enregiftrement de trois Bulles du Pape Benoift XIII.
en ce qu'elles concernent les quatorze Chapelles deftinées & affectées
aux Vicaires & Enfans de Chœur de ladite Eglife & Chapitre, & or-
donnent que les Bulles touchant la Jurifdiction pretenduë par lefdits de
Chapitre feroient communiquées audit fieur Evêque de Paris. Autre Arreft
du Parlement du dix-huit Juillet 1573. par lequel Maiftre Pierre Thevenin
auroit efté maintenu en la poffeffion de la Chapelle de Sainte Catherine,
comme Refignataire d'icelle, contre Sulpice Venon Vicaire de ladite
Eglife, & pourvû par le Chapitre de ladite Chapelle, ledit Chapitre intervenant & appellant de ladite Refignation. Sentence du Chaftelet de
Paris du 28. Aouft 1604. portant entre autres chofes que fuivant la Sentence Arbitrale du 20. Juillet 1588. les hautes Meffes feroient dites &
celebrées par les Chanoines tantès jours de Feftes qu'ès jours ouvrables, &
que s'ils fe trouvoient indifpofez, ils les pourroient faire dire par leurs Vicaires capables & de bonne vie, lefquels feroient par eux ftipendiez pour le
regard des Meffes, fans qu'il en pût eftre pris aucune chofe fur le revenu
de ladite Communauté defdits Chapelains ; qu'à l'avenir les Maifons de ladite
Communauté étant dans le Cloiftre, qui auroient efté prifes à loyer pour lefd.
Chanoines ou Chapelains, ne pourroient par eux eftre relouées à perfonnes
Laïques ; En cas qu'ils en relouaffent part ou portion à un Ecclefiaftique, le
furplus du revenu reviendroit au profit de ladite Communauté, tant defdits
Chanoines que Chapelains, & que le Regiftre qui eftoit fait à part & feparé,
de toutes les affaires de ladite Communauté demeureroit en la Chambre
d'icelle, conformément à ladite Sentence Arbitrale. Autre Arreft dudit Parlement du dernier Juin mil fix cent fept, fur l'appel de ladite Sentence
du Chaftelet interjetté par lefdits de Chapitre, par lequel ladite Sentence

E

auroit efté confirmée en ce qu'il eftoit ordonné que les hautes Meffes feroient chantées par les Chanoines, & que les Maifons du Cloiftre ne pourroient eftre louées à perfonnes Laïques, & en émendant ordonne que
les Chanoines ou leurs Vicaires, qui celebreroient les hautes Meffes tant
ès jours de Feftes qu'ouvrables, feroient ftipendiez moitié par le Chapitre, & l'autre moitié du revenu de ladite Communauté. Et à l'égard
des Maifons d'icelle Communauté qu'elles feroient à l'avenir baillées à
loyer aufdits de Chapitre & Chapelains fans preference au plus offrant &
dernier encheriffeur, fans que ceux qui les auroient prifes à loyer fuffent
tenus de rapporter à ladite Communauté autre chofe que le prix de leur
Bail, fuivant la Tranfaction faite entre les Parties, & qu'au furplus ladite
Sentence fortiroit fon effet, lefdits Chapelains rembourfez des frais &
dépenfe par eux faite tant en Caufe principal que d'appel, des deniers
de ladite Communauté fuivant ladite Tranfaction. Autre Arreft du Parlement du dix Mars mil fix cent fept., par lequel Jacques de la Barde
Chapelain de ladite Chapelle de Sainte Catherine en ladite Eglife de Saint
Germain auroit efté maintenu dans la poffeffion & jouïffance d'icelle, &
lefdits de Chapitre condamnnez à luy reftituer les fruits unis à leur Manfe
Capitulaire, pour la nourriture d'un Maiftre, fix Enfans de Chœur & un
Serviteur. Autre Arreft dudit Parlement du vingt-deux Avril 1625. par
lequel André Trochon Chapelain de la Chapelle de Saint Jean-Baptifte
en ladite Eglife de Saint Germain, auroit efté maintenu en la poffeffion &
jouïffance de ladite Chapelle, fans préjudice des Statuts faits par lefdits Chanoines, qui feroient gardez & entretenus vacation arrivant par mort des
Titulaires defdites Chapelles, pour pourvoir d'icelles des Vicaires & Choriftes, aufquels elles auroient efté declarées affectées, avec défenfes, audit
cas de mort, d'en pourvoir d'autres que lefdits Vicaires Choriftes felon l'ordre
de leur reception. Autre Arreft du Confeil du 19. Avril 1641. par lequel lefd.
Chapelains auroient efté maintenus en la faculté de refigner, & permuter
leurfdites Chapelles à toutes fortes de perfonnes Choriftes ou non Choriftes, ainfi qu'il avoit efté fait par leurs predeceffeurs. Autre Arreft dudit
Parlement du 21 Mars 1633. par lequel Maiftre Jacques Chevreüil Chapelain de la Chapelle de Saint Nicolas en lad. Eglife de Saint Germain auroit
efté maintenu en la poffeffion & jouïffance de ladite Chapelle fans reftitution de fruits. Deliberation dudit Chapitre du 17. Aouft 1640. par laquelle
pour terminer le Procès qui étoit pendant au Confeil avec les Chapelains
de la Communauté, & l'Univerfité de Paris, ledit Chapitre auroit confenti
que lefdits Chapelains & leurs Succeffeurs jouïffent du droit de refigner, &
permuter leurfdites Chapelles avec toutes fortes de perfonnes Choriftes,
ou non Choriftes, comme il avoit efté fait par leurs Predeceffeurs. Arreft
dudit Parlement du 5. Avril 1663. par lequel lefdits Chapelains auroient efté
reçûs appellans comme d'abus d'un Acte Capitulaire fait fans leur participation. Copie d'une Tranfaction entre lefdits Doyen, Chapitre & Commu-

nauté de ladite Eglife de faint Germain l'Auxerrois du mois de May 1225.par
laquelle ils auroient reconnu cinq maifons dans le Cloiftre d'icelle eftre de ladite Communauté, & leur appartenir, pour en joüir après le decès des Particuliers qui les occupoient, & en eftre ordonné & difpofé à l'avenir, & des autres
chofes qui les concernent d'un commun confentement, appellez feulement
les Clercs refidans & Manfionnaires tantChanoines qu'autres,& eftoit apellé
Communauté ceux auxquels la diftribution des chofes d'icelle fe devoit faire,
felon qu'il eft porté dans la Charte de Maurice Evefque de Paris fur la dif-
pofition de ladite Communauté, & que fi un Chanoine, *vel aliquis alius fo-
ciorum* prend quelque maifon de ladite Communauté *ad incrementum cenfûs*,
vel emendam & ne fait refidence, ladite maifon feroit loüée tant qu'il feroit
abfent, de l'avis de la Communauté, de laquelle elle auroit la moitié,
& l'autre moitié leur appartiendroit, & lorfqu'ils reviendroient, ils re-
prendroient les maifons avec les charges & conditions qu'ils y feront.
Extrait de trois comptes de ladite Communauté des 10. Juillet 1523.
15. May 1580, & 19. Septembre 1633. rendus par trois Chapelains de
ladite Eglife de faint Germain l'Auxerrois, oüis, examinez & arreftez par
les Chanoines & Chapelains commis par le Chapitre, par lefquels il paroift que les comptables auroient fait recepte de plufieurs droits Seigneuriaux, cens & rentes appartenans à ladite Communauté, & de toutes les
Charges de l'Office divin, qui font payez aux dépens d'icelle, comme auffi
les Obits, les Fondations, les Gages des Officiers, les Decimes, les Tables
des prefens & affiftans audit Office divin, foit titulaires ou ftipendiez,
& autres charges mentionnées efdits comptes. Cahier de trois Contracts
d'efchange des 6 Decembre 1564. 24. Mars 1565. & 9. Avril audit an 1565.
de deux mafons fizes au Cloiftre dudit faint Germain, l'une appartenante au
Chapitre & Communauté de ladite Eglife, & l'autre à la Chapelle de fainte
Catherine fondée en icelle, eftant en la Cenfive dudit Chapitre & Communauté, par lefquels lefdits Chanoines & Chapelains conjointement de-
nommez aufdits Contracts, auroient promis de ratifier iceux dans le prochain Chapitre, qui fe tiendroit en leur Eglife, & fe feroient pour ce affemblez en leur Chapitre, au lieu accouftumé à traiter de leurs affaires, reprefen-
tant la plus grande & faine partie des Chanoines & Chapelains de ladite
Communauté. Extrait d'un compte de ladite Communauté de l'an 1567.
dans lequel les frais des Proceffions ordinaires & extraordinaires, les gages,
penfions, decimes, & autres charges auffi ordinaires & extraordinaires font
employez comme deniers de ladite Communauté. Tranfaction du 11. Juin
1607. faite entre les Doyen, Chanoines & Chapitre de ladite Eglife S. Germain & les Chapelains d'icelle affemblez extraordinairement au fon de la
cloche au Chapitre de ladite Eglife lieu accouftumé à traiter de leurs affaires, par laquelle lefdits Doyen, Chanoines, Chapitre & Chapelains de
ladite Communauté auroient accordé que les maifons appartenantes aufdits

de Chapitre & Communauté feroient baillées à loyer audit Chapitre au plus offrant & dernier encherisseur, soit Chanoines ou Chapellains, comme elles avoient accoustumé d'estre loüées, sans que celuy ou ceux ausquels elles feroient baillées, soient tenus de rapporter en ladite Communauté autre chose que le prix porté par les Baux, demeurant le surplus au profit des Locataires d'icelles, à quelque somme que lesdites maisons ou partie d'icelles pussent estre loüées, soit Ecclesiastiques ou Laïques, & sans avoir égard à la Sentence arbitralle donnée entre les Parties; que les Messes que chacun desdits Chanoines est tenu de dire au Chœur en sa semaine seront dites comme elles avoient accoûtumé lesquelles feroient neantmoins payées partie par lesdits Chanoines & Chapitre, & l'autre moitié par ladite Communauté, & que sur les deniers d'icelle Communauté, lesdits Chapelains feroient rembourfez des frais du procès. Procuration du 10. Janvier 1622. passée par deux Chanoines & un Chapelain de ladite Eglise de S. Germain, comme deputez des Doyen, Chanoines, Chapitre & Communauté d'icelle par Acte Capitulaire fait audit Chapitre le Vendredy 7. dudit mois de Janvier à Maistre Guillaume Margotier aussi Chapelain en ladite Eglise nommé Procureur & Receveur en ladite Communauté. Actes de cautionnement baillez par ledit Margotier, & ratification de la Procuration du Mardy 11. desdits mois & an par les Chanoines & Chapelains de ladite Communauté, Capitulairement affemblez au Chapitre de ladite Eglise, lieu accoûtumé à traitter de leurs affaires. Acte Capitulaire du Mardy 11. Mars 1627. par lequel lesdits Doyen, Chanoines & Chapitre auroient confirmé une grace par eux accordée audit sieur Doyen d'estre tenu prefent, à quoy lesdits sieurs Colombet Chanoine & autres se feroient oppofez. Autre Acte du premier Juillet audit an 1627. fait par cinq Chanoines & huit Chapelains de ladite Communauté, tous Capitulans au Chapitre de ladite Eglise, contenant leur declaration à l'Official de Paris en faveur dudit sieur Doyen, en confequence des Actes precedens contre l'Opposition des Particuliers y dénommez. Autre Acte Capitulaire du Vendredy deuxiéme dudit mois de Juillet par continuation dudit Chapitre general du jour precedent, par lequel les Voix prises & colligées, tant des Chanoines que Chapelains de la Communauté prefens, auroit esté arresté que lesdits du Chapitre & Communauté fe joindroient avec ledit sieur Doyen pour maintenir leurs Actes. Autre Acte passé pardevant Notaires le 17. Juillet 1631. par lequel lesdits Chanoines affemblez au lieu accoûtumé, auroient promis aux Chapelains de ladite Communauté de les acquitter de six cens livres, à quoy lesdits Doyen, Chapitre & Chapelains estoient obligez envers l'Abbaye de S. Victor, & que moyennant ce, lesdits de la Communauté payeroient moitié des épices du Procez dont estoit lors queftion. Autre Acte du 13. Juillet 1634. par lequel les Chanoines de ladite Eglise de S. Germain, & les Chapelains de ladite Communauté auroient declaré à Maistre Charles Colombet, l'un desdits Chanoines, qu'ils avoient éleu en sa pla-

ce Maiſtre André Trochon , pour ſolliciteur de leurs affaires , au Chapitre General tenu au commencement dudit mois de Juillet. Autre Acte ſignifié
le 20. Aouſt 1640. à la requeſte deſdits Doyen & Chapelains aux Procureurs
dudit Chapitre & Communauté au Parlement & au Chaſtelet, qu'au Chapitre de ladite Communauté tenu le Mardy ſept dudit mois d'Aouſt , auroit eſté
éleu pour Agent des affaires dudit Chapitre & Communauté Maiſtre Jean
Benoiſt Chapelain d'icelle , au lieu du ſieur Champion Chanoine en ladite
Egliſe , & ce à la pluralité des Voix , tant deſdits Chanoines que Chapelains.
Procuration & Election faites par leſdits Chanoines & Chapelains de ladite
Communauté , aſſemblés Capitulairement au lieu ordinaire pour traitter
de leurs affaires du 11. Fevrier 1653. de Maiſtre Louis le Grand Chanoine
pour Receveur dudit Chapitre & Communauté. Autre pareille Procuration & Election de Maiſtre Jean Aubin Chanoine, pour Receveur dudit
Chapitre & Communauté du 26. Janvier 1665. Deux Tables des diſtributions du Chœur de ladite Egliſe Saint Germain de l'an 1639. l'une des
Doyen , Chanoines & Chapelains, & l'autre des ſtipendiez. Autres Tables
des années 1640. 1641. 1646. & 1650. des diſtributions faites aux Doyen,
Chanoines & Chapelains, des deniers provenans des reliquats des Comptes
de ladite Communauté. Actes Capitulaires dudit Chapitre de la Communauté , depuis l'année 1625. juſques en l'année 1663. par leſquels ils ont accordé le gain franc , ordonné des reparations des Maiſons de ladite Communauté , ſecouru des Chanoines, Chapelains & Vicaires malades des deniers communs , octroyé des preſences aux Chanoines & Chapelains pendant des voya-
ges , diſpenſé iceux Chanoines & Chapelains du Service Divin , donné des
chambres & logemens de la Communauté à ceux du Chœur qui en avoient
beſoin , reçû les Officiers , augmenté leurs gages , & deliberé ſur pluſieurs autres affaires concernans ladite Communauté. Quittances des gages d'Officiers
payés par le Receveur du Chapitre & Communauté des années 1620. &
1621. Quittances du Receveur des Decimes de l'an 1620. baillées auſdits
Doyen, Chanoines & Chapelains de ladite Egliſe de S. Germain. Autres Actes
du Chapitre de Communauté des années 1639. & 1640. portant députations
de Chanoines & Chapelains , pour voir les Memoires des Ouvriers , viſiter les
Maiſons de ladite Communauté , & examiner les Comptes. Quittances des
années 1620. & 1621. de la penſion accordée au Chapitre du Mardy dix
Septembre 1619. par les Chanoines & Chapelains audit Chappellier
Chanoine en ladite Egliſe de S. Germain eſtudiant. Actes Capitulaires de la
Communauté de ladite Egliſe des années 1638. & 1639. & un autre du Cha-
pitre & de la Communauté d'icelle , portant augmentation de gages à un
Chantre du Chœur, Reception d'un Organiſte , & Nomination d'un Pro-
cureur pour occuper contre ceux qui tenoient des biens dudit Chapitre &
Communauté. Procez verbal de Compulſoire des neuf & vingt Septem-
bre 1666. ſur ce que leſdits Chapelains avoient requis leſdits Doyen , Cha-

noinès & Chapitre, de reprefenter les Titres de Fondations de quatorze Chapelles fondées au Chœur de ladite Eglife de S. Germain, les originaux de
plufieurs Tables, les Regiftres des Déliberations communes & ceux defdits
Chanoines. Les Fondations faites par Roftaing & Cappe, & les Comptes de
ladite Communauté des années 1550. 1600. 1620 & 1629. pour du tout
prendre copie en vertu dudit Compulfoire, & que lefdits Chanoines ont refufé de faire ladite reprefentation. Extrait figuré de deux Clefs, l'une du Coffre & l'autre des Armoires de ladite Communauté, defquelles ledit de la Foffe Chapelain eftoit dépofitaire. Confultation des fieurs du Bois & du Hamel
Advocats du 27. Mars 1658. que le Concordat ou Contrat d'Union fait entre lefdits Chapelains, homologué le 20. Fevrier audit an 1658. devoit eftre
executé felon fa forme & teneur. Contrats de Fondations, & Certificats des
années 1624. 1653. 1661.& 1664. par lefquels il paroît que les Chapelains
des Eglifes de Noftre-Dame de Paris, de la fainte Chapelle, d'Amiens, de Roye,
de S. Quentin, & de Touloufe s'affemblent entre eux, & deliberent & redi-
gent Actes de leurs Déliberations, & acceptent des Fondations qui leur
font faites en particulier, comme les Chanoines defdites Eglifes. Requefte defdits Chapelains de ladite Eglife de faint Germain, à ce que l'Inftance d'oppofition formée par lefdits Chanoines par leur Requefte du 11. Avril
1658. fût declarée périe faute de pourfuite pendant trois ans, fignifiée le 13.
Fevrier 1664. Acte de deliberation de l'affemblée des Chapelains du 27.
Octobre 1662. portant que pour fe pourvoir par eux contre un Acte Capitulaire du dix fept dudit mois d'Octobre audit an 1662. fait en leur prefence & fans liberté de fuffrage, ils prendroient l'Advis de trois Advocats.
Confultation de Mes Bluet, Marefchaux, & Lhommeau Advocats, lefquels
après avoir veu la Sentence Arbitrale du 18. Juillet 1588. & le Reglement
general de ladite Eglife auroient efté d'avis, que lefdits Chapelains eftoient
bien fondez à fe plaindre dudit Acte Capitulaire du 17. Octobre 1662. Deux
Actes Capitulaires des Mardis 11. Octobre 1639. & deux Janvier 1663. contenant députations de Chanoines & Chapelains pour l'Audition des Comptes de Communauté, & extraire les abfences de la Pointe des affiftances au
Service Divin. Autre Acte Capitulaire du 2. Juillet 1655. portant que Maiftre
Jean Bonnet Pointeur, porteroit le Livre de la Pointe le Mardy au Chapitre,
lors que l'on traitteroit des affaires de la Communauté, pour eftre avec les
Chanoines deputez, nommé un Chapelain pour la confection des Tables. Arrêt du Parlement du 16. Juin 1663. par lequel il auroit efté ordonné que par
maniere de Provifion, & fans prejudice du droit des Parties au principal, lefdits Chapelains feroient payez fur leurs Quittances des fommes portées fur
les Tables faites par lefdits Chanoines. Acte du 18. Decembre 1662. par
lequel ledit Maiftre Charles Pêchon Chapelain Pointeur, fe feroit plaint
de la rature faite par le fieur Doyen de fon abfence, & de ce qu'il auroit efté
au contraire adjouté pour prefent, avec proteftation faite par ledit Pêchon,

de fe pourvoir pour raifon de ladite entreprife. Autre pareil Acte du vingtié-
me dudit mois de Decembre de proteftation faite par ledit Péchon contre
Maiftre Matuffiere Chantre & Chanoine en ladite Eglife , à caufe de femblable rature & addition par luy faites auxdites Tables. Requeftes prefentées par lefdits Chapelains aux Requeftes du Palais , à ce que lefdits fieurs
Doyen & Fortin Chanoine en ladite Eglife , fuffent condamnez à remettre entre les mains dudit Péchon le Regiftre de la Pointe , & iceluy reprefenter pardevant un Confeiller defdites Requeftes du Palais , pour eftre
dreffé Procès verbal des ratures qui avoient efté faites fur ledit Regiftre , &
ordonné que tous les abfens tant Chanoines que Chapelains & autres Officiers de ladite Eglife , feroient comptez pendant les années 1662. & 1663. &
autres à venir, fans que lefdits Chanoines fe puffent difpenfer d'affifter au
Service , & défenfes à eux de rayer les abfens fur ledit Regiftre de la Pointe ; &
à faute de reprefenter par lefdits Doyen & Fortin lefdits Regiftres, qu'ils y feroient contraints par faifie de leur temporel, avec défenfes à eux de proceder
à la confection des Extraits des Tables qu'en la prefence defdits Benoift &
Péchon & au Receveur du Chapitre de vuider fes mains des deniers defti-
nez au payement des diftributions qu'au prealable lefdits Extraits n'euffent
efté faits par les Deputez dudit Chapitre , & fur iceux les Tables arreftées au
Chapitre de Communauté , fur laquelle Requefte auroit efté mis , viennent
le 5. Janvier 1663. fignifiée le 8. dudit mois. Autre Requefte prefentée par
lefdits Chapelains auxdites Requeftes du Palais le 20. du même mois de Janvier, à ce qu'il fût ordonné que la Sentence du 9. dudit mois de Janvier feroit executée felon fa forme & teneur ; ce faifant, ledit Fortin Chanoine
contraint de reprefenter ledit Livre de la Pointe pardevant le fieur le Maître, & à faute de ce faire qu'il fût condamné à 500. livres d'amende . & en
outre ledit Fortin condamné à payer par maniere de provifion à chacun
defdits Chapelains la fomme de trois cens livres pour leur part des Diftributions échuës au dernier jour de l'année 1662. Sentence contradictoire defdites Requeftes du Palais du 23. Janvier 1663. portant que dans trois jours
ledit Fortin reprefenteroit le Livre de la Pointe , autrement qu'il y feroit
contraint par faifie de fon temporel Arreft du Parlement du 12. Fév. 1663.
par lequel ledit Fortin auroit efté reçû appellant defdites Sentences des 9.
& 23 Janvier 1663. & joint le furplus des Requeftes afin de défenfes & main-
levée. Autre Requefte prefentée par lefdits Chapelains auxdites Requeftes
du Palais le 20. Février 1663. à ce que faute d'avoir fatisfait par ledit Fortin
auxdites Sentences, il fût condamné en 500. liv. d'amende,& à payer auxdits
Chapelains par maniere de provifion la fomme de trois cens livres chacun
pour part des Diftributions échuës au dernier Decembre 1663. & que
les deniers faifis leur feroient baillez jufques à concurrence de leur dû.
Autre Sentence defdites Requeftes du Palais du neuvième Mars audit
an 1663. portant que ledit Fortin reprefenteroit dans huitaine ledit Li-

vre de la Pointe, fauf à luy à le retirer des mains de ceux qui l'avoient en leur poffeffion ; autrement contraint par faifie , nonobftant oppofitions ou appellations quelconques. Autre Sentence des Requeftes du Palais du 13. Aouft 1663. par laquelle il auroit efté ordonné que ledit Fortin reprefenteroit pardevant le Confeiller Rapporteur ledit Livre de la Pointe , pour eftre dreffé Procès-verbal de l'état d'iceluy, cependant défenfes au Receveur & Chanoines d'entendre & arrefter les Comptes de Communauté , fignifiée le 17. dudit mois d'Aouft. Exploit de Commandement fait audit Fortin le 18. dudit mois d'Aouft , de fatisfaire à ladite Sentence defdites Requeftes du Palais , & faifie faite en confequence. Autre Sentence defdites Requeftes du Palais du 12. Septembre 1663. portant que faute par ledit Fortin d'avoir fatisfait auxdites Sentences, il feroit procedé à la vente de fes Meubles jufques à la fomme de 500. livres, qui feroit baillée à l'Hôpital General. Arreft du Parlement du 20. Aouft 1663. par lequel la Requefte defdits Chanoines à ce qu'ils fuffent reçûs à prendre le fait & caufe dudit Fortin, auroit efté renvoyée à l'Audience, & cependant furfis à la vente defdits Meubles. Autre Requefte prefentée par lefdits Chapelains auxdites Requeftes du Palais le 12. Septembre 1663. à ce que fans avoir égard à l'oppofition dudit Fortin il fût ordonné que les Meubles fur luy faifis feroient vendus. Acte par lequel lefdits Chapelains auroient declaré à Roger Greffier du Chapitre de Communauté qu'ils empêchoient qu'il ne reçût & fignât aucunes Tables des termes d'abfences ou prefences au Service Divin, qu'elles n'euffent efté dreffées par ledit Pêchon Pointeur, du 8. Janvier 1663. Autre Acte du 4. Avril enfuivant , de Proteftation faite par lefdits Chapelains , de ce qu'au Chaptre General de ladite Eglife de S. Germain les Chanoines n'avoient fait aucunes propofitions touchant lefdites Tables, lefquelles ils avoient fait glifler fecrettement fur le Bureau ès mains du Greffier, nonobftant l'empêchement que lefd. Chapelains avoient deffein de former à la fignature defdites Tables , que lefd. Chanoines feuls avoient fait figner par le Greffier. Requefte prefentée au Parlement par lefdits Chapelains le 22 Aouft 1663. à ce qu'il fût ordonné qu'ils feroient payez par provifion de ladite fomme de cinq cens livres leguée par ledit Mefnager. Autre Requefte defdits Chapelains du 5. Septembre 1663. employée pour réponfe à la Requefte d'intervention defdits Chanoines , & de prife de fait & caufe pour les Executeurs du Teftament dudit Mefnager. Contrat de Fondation du 8. Juin 1656. fait à la Communauté des Chanoines & Chapelains de l'Eglife de S. Benoift à Paris par Michel Audemont l'un defdits Chapelains, acceptée par lefdits Chanoines & Chapelains conjointement de cinquante livres de rente par an, & de cent livres au profit de celuy qui fuccederoit à la Chapelle dudit Audemont, auffi acceptée par fondit fucceffeur. Lettres Patentes de Sa Majefté du mois d'Avril 1659. portant que l'intention des Rois predeceffeurs auroit efté que fous ces mots tant en Corps qu'en Membres, les Curé, Chapelains, Vicaires & Officiers du
Chœur

Chœur de ladite Eglife de S. Germain fuffent compris & jouïffent du droit de
Comm.ttimus aux Requeftes du Palais. Arreft de verification defdites Lettres
au Parlement du 30. dudit mois d'Avril. Commiffion obtenuë par lefd. Chapelains de ladite Eglife de S. Germain du 20. Aouft 1385. pour faire affigner
auxdites Requeftes du Palais lesChanoines de ladite Eglife fur une complainte
& poffeffion en laquelle eftoient lefdits Chapelains de recevoir femblables &
égales Diftributions que lefd. Chanoines de certaines rentes de ladite Communauté. Sentence defdites Requeftes du Palais du 18.   1390. portant
que par provifion lefdits Chapelains feroient payez des Diftributions également auxdits Chanoines. Commiffion obtenuë par lefdits Chapelains le 27.
Janvier 1391. pour faire affigner auxdites Requeftes du Palais lefd.Chanoines
fur l'inexecution de ladite Sentence. Autre Sentence des Requeftes du Palais
du 10. May 1392 par laquelle obtemperant à ladite Commiffion, lefd. Chapelains auroient efté reçûs à proceder fur icelle auxdites Requeftes du Palais
avec lefdits Chanoines. Autre Sentence des Requeftes du Palais du 9. Aouft
1618. renduë entre Philippes Gaigneur Chapelain de la Chapelle de S. Jean
Baptifte fondée en ladite Eglife S. Germain, Demandeur, & Denis Flamen fe
difant pourvû de ladite Chapelle,Défendeur, par laquelle il auroit declaré &
foutenu que le Demandeur en qualité de Chapelain n'avoit fes caufes commi-
fes auxd. Requeftes du Palais. Surquoy Sentence de retention feroit intervenuë, de laquelle ledit Flamen ayant interjetté appel, par Arreft les Parties
auroient efté renvoyées auxdites Requeftes du Palais. Commiffion obtenuë
par Maiftre André Trochon Chapelain de ladite Chapelle S. Jean Baptifte le
28. May 1624. pour affigner au Confeil en Reglement de Juges d'entre le
Grand Confeil & lefdites Requeftes du Palais lefdits Chanoines qui s'étoient
oppofez à la prife de poffeffion dudit Trochon. Arreft du Confeil du 4. Septembre audit an 1624 portant renvoy du differend des Parties auxdites Requeftes du Palais où ledit Trochon avoit fait affigner lefdits Chanoines. Deux
Committimus aux Requeftes de l'Hoftel ou du Palais, obtenus par Maiftres Jean
Benoift & Charles Péchon Chapelains des 29. Juillet 1643. & 26. Juillet
1656. Autre Sentence defdites Requeftes du Palais du 13. Avril 1658. portant retention de Caufe entre Maiftre Gilles de la Foffe Chapelain & lefdits
Chanoines nonobftant le declinatoire defdits Chanoines. Autre Sentence des
Requeftes du Palais du 19. Janvier 1663. auffi de retention de Caufe entre
lefdits Chapelains d'une part & lefdits Chanoines d'autre, declinant. Autre
Arreft du Parlement du 10. May audit an 1663. par lequel l'appellation interjettée par lefdits Chanoines de ladite Sentence des Requeftes du Palais dudit jour 19. Janvier auroit efté mife au neant, en émendant ordonné, que fur
l'Affignation donnée à ladite Cour les Parties procederoient audit Parlement fans prejudice du droit de *Committimus*, défenfes au contraire. Requefte prefentée par lefdits Chapelains auxdites Requeftes du Palais, à ce
qu'ils fuffent reçûs oppofans à l'execution de ladite Ordonnance Capitulaire,

F

& que défenfes fuffent faites auxdits Doyen & Chapitre d'empêcher les Chapelains d'entrer auxdits Chapitres des Mardis, & de les mander aux Chapitres des Vendredis, & que cependant toutes chofes demeureroient en état; fur laquelle Requefte auroit efté mis, viennent, & cependant furfis le 9. Mars 1663. Exploit de fignification de ladite Requefte auxdits Chanoines faifant mention de quelques injures faites à l'Huiffier par le fieur Doyen, & des menaces que lefdits Chapelains s'en repentiroient. Autre Acte Capitulaire du Vendredy 9. Mars 1663. portant que lefdits Chapelains feroient derechef mandez de comparoître au Chapitre du Vendredy fuivant. Appel du 10. dudit mois de Mars interjetté par lefdits Chanoines de l'Ordonnance defdites Requeftes du Palais dudit jour 9. Mars 1663. Requefte prefentée au Parlement par lefdits Chapelains, à ce qu'en confequence de ladite appellation il fût ordonné que les Parties auroient audiance fur la nullité requife par lefdits Chapelains de l'Acte Capitulaire dudit jour 9. Mars 1663. & défenfes auxdits Chanoines de paffer outre, fur laquelle Requefte auroit efté mis, en plaidant le 16. Mars 1663. fignifiée ledit jour. Autre Acte Capitulaire du Vendredy 12. Octobre 1640. par lequel René Chenu fur l'entreprife par luy faite à l'autorité des Chanoines, ayant efté mandé avec les autres Chapelains de la Communauté, pour avoir leurs avis fur la nomination d'un Procureur en Parlement, & ayant fermé la porte dudit Chapitre à la clef qu'il avoit emportée pour faire venir deux Notaires, auroit efté privé de l'entrée du Chœur de ladite Eglife, de l'Affemblée de lad. Communauté pendant quinze jours & de fes Diftributions qui feroient baillées aux Pauvres. Signification dudit Acte audit Chenu, qui auroit declaré en eftre appellant tant comme d'abus qu'autrement, du 16. dudit mois d'Octobre. Autre Acte Capitulaire du Mardy même jour 16. dudit mois d'Octobre, portant que l'Acte precedent feroit executé fans prejudice dudit appel, & défenfes d'y contrevenir. Autre Acte d'appel comme d'abus interjetté par ledit Chenu dudit Acte Capitulaire. Autre Acte dudit Chapitre du 30. dudit mois d'Octobre, portant que faute d'avoir par ledit Chenu obéy auxdits Capitulaires, il feroit privé de fes Diftributions, tant ordinaires qu'extraordinaires, lefquelles feroient données aux Pauvres, fignifié audit Chenu, qui en auroit pareillement interjetté appel en adherant à fes premieres appellations. Relief d'appel obtenu par ledit Chenu en confequence du 10. Novembre 1640. Autre Acte Capitulaire du 20. dudit mois de Novembre 1640. par lequel Mathurin Goffier auroit efté deftitué de la fonction de Receveur & Diftributeur, & arrefté pour ce qui eftoit de la Pointe de la Communauté, qu'il en feroit avifé à la première affemblée d'icelle, auquel Acte le fieur Doyen fe feroit oppofé. Signification dudit Acte faite audit Goffier le 21. dudit mois de Novembre. Réponfe dudit Goffier que ledit Acte ne pouvoit eftre executé que ladite oppofition ne fût vuidée, qu'il avoit efté établi en ladite fonction par ladite Communauté & non par les Chanoines feuls, que lorfqu'il feroit ordonné par ladite Communauté, qu'il se desisteroit de sa charge, & feroit ce que de raison & qu'il protestoit de nullité dudit Acte comme ayant esté fait Receveur & Distributeur en l'Assemblée de tous les Chapelains qui composent ladite Communauté avec lesdits Chanoines. Opposition formée audit Acte par lesdits Chapelains du 28. desdits mois & an 1640. Autre Acte Capitulaire du 4. Decembre ensuivant, par lequel lesdits Chanoines auroient prié ledit Aubin de se charger de la recepte & distribution des Convois, d'autant que le nommé Bonnet éleu pour ce au lieu dudit Gossier ne l'avoit voulu accepter. Arrest du Parlement de Paris du 10. jour de Decembre audit an 1640. portant que sur les appellations comme d'abus interjettées par ledit Chenu, les Parties auroient audiance, & cependant deffenses de passer outre & d'attenter aucune chose au prejudice de ce dont la Cour estoit saisie. Exploit de signification dudit Arrest ausdits Chanoines du 14. dudit mois de Decembre audit an. Acte dudit Chapitre du 18. desdits mois & an, contenant sommation audit Gossier de rendre le livre de la Pointe, & sa réponse qu'il avoit esté commis par ladite Communauté, & que quand il seroit revoqué par icelle, il quitteroit la charge, & rendroit ledit livre, & l'opposition desdits Chapelains à la destitution dudit Gossier. Autre Acte Capitulaire de ladite Communauté du premier Octobre 1630. portant élection dudit Gossier pour Pointeur & Distributeur au lieu du nommé Feüillet. Autre Acte Capitulaire de ladite Communauté du 8. dudit mois d'Octobre, par lequel il auroit esté arresté que ledit Feüillet à cause de ses longs services en ladite charge de Pointeur continueroit à avoir le double aux distributions. Trois Tables de distributions des Stipendiez faites par ledit Gossier des années 1644. 1645. & 1648. Autre Acte du Chapitre general de ladite Eglise de S. Germain du 8. Janvier 1663. contenant l'élection de Maître Pierre Broüillard pour Pointeur, au lieu de Maistre Charles Pèchon aussi Chapelain, & l'opposition des Chapelains de ladite Communauté tant à la déliberation de la destitution dudit Pointeur qu'à la conclusion contenuë audit Acte, & arrêté que sans avoir égard à ladite opposition, le livre de la Pointe seroit baillé audit Broüillard ; ensuite est autre conclusion Capitulaire du lendemain 9. dudit mois de Janvier, portant que nonobstant ladite opposition, les Tables seroient signées, à quoy lesdits Chapelains se seroient opposez. Autre Acte Capitulaire du Mardy 20. Novembre 1643. fait par les Chanoines seuls, par lequel Maistre Jean Bonnet auroit esté nommé pour Receveur & Distributeur des Convois, Obits, Confrairies & autres Services qui estoient de la direction du Chapitre, & deffenses à Mathurin Gossier de plus s'immiscer à aucunes desdites fonctions ; & pour ce qui estoit de la Pointe qu'il en seroit avisé à la premiere assemblée de ladite Communauté, à quoy le sieur Doyen se seroit opposé. Autre Acte Capitulaire du Mardy 4. Decembre 1640. par lequel sur la proposition faite d'établir un Pointeur de Communauté en la place dudit Gossier, l'affaire mise en déliberation, les Chapelains sans avoir voulu déliberer se seroient retirez, pour raison de quoy l'affaire auroit esté remife au premier jour, cependant ledit Aubin chargé de la recepte & diftribution des Convois, attendu que ledit Bonnet s'en eftoit excufé. Autre Acte du Mardy 11. Decembre audit an 1640. contenant la fommation faite par les Chanoines aux Chapelains de demeurer audit Chapitre pour déliberer fur la nommination d'un Pointeur de Communauté en la place dudit Goffier fuivant les Actes precedens, que lefdits Chapelains fe feroient levez & retirez pour empefcher ladite nommination; & attendu qu'ils eftoient affemblez en lieu & heure accoûtumée pour traiter des affaires de Communauté, & que lefdits Chapelains avoient efté pour ce mandez, auroit efté arrefté que Maiftre Jacques Chauvet l'un d'iceux feroit Pointeur, à quoy le fieur Doyen fe feroit oppofé. Deux Actes d'oppofitions formées par lefdits Chapelains à la nomination dudit Broüillard pour Pointeur, des 12. Janvier 1663. & 7. Janvier 1664. Autre Acte du 20. Janvier 1665. par lequel ledit Broüillard auroit declaré à Clement Procureur en Parlement qu'il n'avoit pretendu & ne pretendoit eftre compris dans toutes les demandes, procès & inftances qu'avoient fait & feroient lefdits Chapelains contre lefdits Doyen, Chanoines & Chapitre, n'ayant donné aucun pouvoir audit Clement d'occuper pour luy en particulier ni de le comprendre dans le general defdits Chapelains. Autre Acte du 25. Fevrier 1665. & defaveu fait par ledit Broüillard à Maiftre Ronfin Avocat au Confeil qui occupoit pour lefdits Chapelains en une inftance concernanr la fuppreffion faite par lefdis Chanoines de deux Chapelles en ladite Eglife, & unie à la manfe Capitulaire dudit Chapitre. Autre Acte Capitulaire fait par lefdits Chanoines le 7. Janvier 1581. portant qu'ils prendroient foixante jours d'abfences pendant lefquels ils gagneroient franc. Autre Acte du Chapitre general du 10. Octobre 1582. contenanr l'oppofition des Chapelains, à ce que lefdits Chanoines n'euffent plus de trente-fix jours d'abfences, & qu'ils en devoient avoir autant. Huit autres Actes Capitulaires faits par lefdits Chanoines feuls des années 1636. 1640. 1641. & 1647. par lefquels ils auroient accordé des congez à plufieurs d'entr'eux avec gain franc pendant leurs abfences. Autres Actes des années 1662. 1663. & 1666. par lefquels il paroift que lefdits Chanoines auroient refufé d'accorder audit Chambrehault Chapelain le gain franc pendant fa miffion pour prendre les Ordres, & audit Pêchon auffi Chapelain pour abfence à caufe de fes affaires & prendre l'air après une grande maladie fuivant l'ordonnance du Medecin. Autre Acte du 11. Octobre 1665. de proteftation faite par lefdits Chapelains de ce que lefdits Chanoines auroient ceffé de fe faire nommer au Chapitre general par le Greffier, & avoient fait commencer ladite nomination par le plus ancien defdits Chapelains & continué jufqu'aux Vicaires, au lieu de commencer par lesfdits Chanoines pour voir lefquels d'entre eux feroient abfens ou prefens, afin de gagner la diftribution qui fe faifoit audit Chapitre. Deux extraits de comptes de la Communauté des Chanoines & Chapelains de faint Benoift des années mil cinq cent trente-un & 1558. rendus par un defdits

Chapelains Receveur de ladite Communauté & en égalité. Acte d'oppofition fignifiée aufdits Chanoines à la requefte defdits Chapelains le 1 3.
Avril 1 6 6 6. à ce qu'il ne fuft fait aucun Bail appartenant à la Communauté
d'une maifon fife ruë des Poulies, d'autant qu'il reftoit encore au locataire
quinze mois de joüiffance d'icelle, & qu'il n'y avoit eu aucune publication faite conformément au Reglement general du 2 3. Juillet 1 6 3 9. qui défendoit
de faire les Baux aux Chapitres particuliers, & enjoignoit de les faire aux generaux. Autre pareil Acte d'oppofition du 8. Juin audit an 1 6 6 6. à l'adjudication
d'une maifon de la Communauté fize ruë des Foffez pour la fomme de fept
cens livres, dont lefdits Chapelains n'auroient pû avoir acte à caufe de l'abfence du Greffier. Autre Acte dudit jour 8. Juin 1 6 6 6. par lequel le nommé Tabart auroit declaré que ledit jour il s'eftoit au fon de la cloche tranfporté au
lieu où fe tenoit le Chapitre, pour encherir à la maniere accoûtumée les loyers
de ladite maifon ruë des Foffez, que lefdits Chanoines ne l'auroient voulu entendre, & qu'il offroit pour le loyer d'icelle par chacun an la fomme de 8 0 0.
livres, de la garnir de meubles & marchandifes exploitables, d'advancer le
premier terme qui ne luy feroit diminué qu'à la fin du Bail qui luy feroit fait &
de donner bonne caution. Trois mereaux de l'an 1 5 8 3. d'un cofté defquels eft
la figure de S. Germain avec ce mot, *Communitas*, & de l'autre cofté font des lettres qui marquent la difference des heures de Matines, de la Meffe, & de Vef-
pres. Autres Actes Capitulaires des 1 3. Juillet 1 6 3 8. & 1 8. Decembre 1 6 4 0.
par lefquels il paroift que lecture y auroit efté faite des conclufions prifes aux
Chapitres precedents. Autre appel comme d'abus du 1 4. Mars 1 6 6 4. interjetté
par lefdits Chapelains d'un Acte Capitulaire du 1 1. dudit mois de Mars. Autre
Acte Capitulaire du Mardy 2 2. Avril 1 6 6 4. portant que lefdits Carentan &
de la Foffe Chapelains, feroient de nouveau mandez au Chapitre du Mardy
lors prochain, avant que l'on parlaft des affaires de Communauté, pour rendre raifon pourquoy ils avoient manqué de porter la chape fuivant la Table.
Autre appel comme d'abus interjetté par lefdits Carentan & de la Foffe le 2.
May d'une déliberation Capitulaire contre eux faite le 2 9. dudit mois d'Avril
1 6 6 4. Arreft du Parlement de Paris du 1 2. Aouft audit an 1 6 6 4. portant renvoy des Requeftes defdits Chapelains des 2 9. Avril & 2 1. Juin 1 6 6 4. & de
celles defdits Chanoines au Parquet pour en paffer par l'avis des Gens du
Roy. Autre Arreft dudit Parlement du 5. Septembre 1 6 6 5. par lequel l'appointement advifé audit Parquet auroit efté receu, & conformément à iceluy expliquant l'Arreft du premier Avril 1 6 6 4. défenfes auroient efté faites
au Chantre de ladite Eglife de S. Germain, de coucher à l'advenir fur les
Tables de l'Office les Chapelains pour faire Diacre & Soudiacre finon lors
qu'un Chanoine celebreroit & officieroit, ny pour porter les chapes ordinaires, mais feulement celles que les Chanoines portoient en perfonne à la
charge d'en ufer moderément par ledit Chantre fucceffivement & à proportion tant des Chanoines que Chapelains prefens & habiles aufdites fonctions,

ny d'employer lefdits Chapelains au deffous des Chantres Vicaires & Choriftes, & ce fans prejudice à la qualité de leurs Chapelles, & défenfes de marquer fur le livre de la Pointe lefdits Chapelains comme abfens, lors qu'ils
feroient prefens. Autre Arreft dudit Parlement du 15. Juillet 1666. fur la Requefte defdits Chapelains, par lequel ils auroient efté receus appellans comme d'abus de la citation defdits Chanoines, qui les avoient mis au deffous
des Choriftes, & ordonné que ledit Arreft des 1. Avril, 12. Aouft 1664. & 5.
Septembre 1665. feroient executez, les défenfes portées par iceux réiterées,
& défenfes de faire pourfuite ailleurs qu'en la Cour, à peine de cinq cens livres
d'amende, & de tous dépens, dommages & interefts. Exploit d'affignation du
13. May 1664. baillée en l'Officialité de Paris, à la requefte defdits Chanoines audit Pêchon Chapellain, pour faire fortir de fa maifon un Cabaretier qui
y étoit logé, à caufe duquel il étoit arrivé du fcandale. Copie de Bail fait par
lefdits Chanoines à Charles Seguenot Cabaretier, d'une maifon de la Communauté fize ruë des Foffez S. Germain, du 7. Juillet 1663. Deux Actes de
proteftation des fix & dix Novembre 1633. faites par Maiftre Bourdin Chapelain de la Chapelle de S. Michel en ladite Eglife de S. Germain, contre l'u-
furpation que lefdits Chanoines vouloient faire d'une maifon dépendante
de ladite Chapelle, à l'alienation de laquelle on le vouloit faire confentir en
luy conferant ladite Chapelle, & de ce qu'on luy avoit fait figner un defiftement au profit du Chapitre de ladite maifon baftie par Maiftre Mar-
gottier fur le fond de ladite Chapelle en joignant l'ancien baftiment, lequel
defiftement on avoit fait antidater du 24. Decembre audit an 1633. Confultation faite par ledit Bourdin au fujet de ladite proteftation le 9. Decembre
audit an 1633. Copie de Sentence renduë en l'Officialité de Paris du 21. May
1664. portant que les Parties viendroient au premier jour, auquel ledit Romecan Chapelain feroit réaffigné. L'exploit de réaffignation à luy donné à
la requefte defdits Chanoines le 23. dudit mois de May. Appel comme d'a-
bus interjetté de ladite Sentence par lefdits Pêchon & Romecan dudit
jour 23. May. Autre appel comme d'abus du 6. Octobre audit an 1664.
interjetté par ledit Carentan Chapelain des citations verballes à luy faites par
lefdits Chanoines de comparoître en leur Chapitre particulier, & des Actes
de deliberations qu'ils avoient pû faire en confequence contre luy. Decret
d'adjournement perfonnel decerné par ledit Official contre ledit Carentan,
du 6. Octobre 1664. Appel comme d'abus de ladite Sentence interjettée par
lefdits Chapelains & Carentan le dix dudit mois d'Octobre. Arreft du Parlement du quinze dudit mois d'Octobre audit an 1664. portant que celuy
dudit jour fept dudit mois feroit executé, & permis audit Carentan de fe
pourvoir pardevant le premier Evefque fur ce requis, pour luy eftre pourveu
fur la mainlevée de fon interdiction fignifié le 18. Decembre 1664. Confult-
tations de Maiftre Maffac l'aifné & Abraham, des 20. & 22. Octobre audit an 1664. portant que Carentan devoit comparoir à l'affignation per-

fonnelle à luy baillée pardevant ledit Official pour demander fon renvoy au Parlement & en confequence des appellations comme d'abus qu'il avoit interjettées, ce faifant, que fon interdiction cefferoit. Interrogatoire fubi par ledit Carentan le 15. Decembre 1664. pardevant ledit Official, & l'Ordonnance dudit Official portant mainlevée dudit Interdit. Appel comme d'abus interjetté par lefdits Chapelains du 8. Janvier 1665. d'une citation à eux faite par lefdits Chanoines le 7. dudit mois de Janvier, de comparoir en leur Chapitre du Vendredy lors prochain. Acte Capitulaire du Vendredy 10. Octobre 1664. dans lequel Remontrances auroient efté faites auxdits Chapelains & Vicaires de ladite Eglife Saint Germain, les Tables allouées à l'ordinaire, à quoy lefdits Carentan & de la Foffe Chapelains fe feroient oppofez tant pour eux que pour leurs Confreres abfens fur ce que lefdites Tables de la Communauté avoient efté augmentées pour les retributions ordinaires du Service Divin, fans au prealable avoir mis l'affaire en deliberation, & pris les voix des Chapelains conjointement avec celles defdits Doyen & Chanoines, & en cas que les Tables fuffent ainfi arreftées fans eftre reformées, & reduites en la maniere ordinaire, qu'ils s'oppofoient à ce qu'elles fuffent fignées, & que fi Maiftre Jean Crochet Receveur de la Communauté payoit conformément à icelles, ils proteftoient de fe pourvoir contre luy en fon propre & privé nom, attendu qu'il y avoit Arreft du Parlement du 7. dudit mois d'Octobre, qui défendoit d'innover aucune chofe, fur quoy il auroit efté arrefté que nonobftant ladite oppofition lefdites Tables feroient fignées, l'augmentation d'icelles ayant efté faites après meure deliberation & grande connoiffance de caufe, & afin d'obliger chacun à fe rendre plus affidu au Service Divin. Acte du 30. Decembre 1664. contenant la Plainte faite par lefdits Chapelains du refus à eux fait par ordre defdits Chanoines, de les laiffer ledit jour entrer au Chapitre de Communauté & du mauvais traitement & injures atroces & fcandaleufes qui leur y furent faites par lefdits Chanoines. Autre Acte du 7. Janvier 1665. auffi de Plaintes faites par lefdits Chapelains du refus à eux fait de l'entrée du Chapitre General, & mauvais traitement, & paroles injurieufes contre eux proferées par lefdits Chanoines, & de proteftation de nullité de l'élection faite audit Chapitre des Officiers de la Communauté, & d'un Bail de Maifon dépendante d'icelle, de la continuation de Maiftre Jean Crochet pour Receveur du Bien de ladite Communauté fans donner caution, & de l'arrefté defdites Tables au prejudice de l'oppofition defdits Chapelains. Autre Acte du 17. Février audit an 1665. de declaration faite par lefdits Chapelains de fe pourvoir contre l'empêchement fait par le Doyen, & aucuns defdits Chanoines d'une Diftribution ordinaire de cent dix fols, qui fe faifoit du Bien de ladite Communauté. Contredits fournis par lefdits Chanoines aux Pieces produites au Confeil par lefdits Chapelains, fignifiez le 16. Novembre 1665. Commandement fait le 16. Juin 1663. en vertu de l'Arreft du 7.

dudit mois de Juin auxdits Chanoines, & Crochet Receveur de ladite Communauté de payer auxdits Chapelains sur leurs quittances ou celles de l'Huissier toutes leurs Distributions, ensuite est la quittance dudit l'Huissier du payement fait en ses mains par ledit Crochet de la somme de 716. livres. 6. sols 9. deniers, & la Réponse & offres faites par ledit Crochet sur plusieurs articles dudit Commandement. Autres Commandemens, Réponses, Offres & Payemens faits en execution dudit Arrest des années 1663. 1664. 1665. & 1666. Sommation du 24. Mars 1664. faite audit Crochet à la requeste desdits Chapelains, de leur payer les Retributions à eux dûës pour des assistances au Service Divin, avec protestation, faute d'y satisfaire, de repeter tous les frais à l'encontre de luy en son propre & privé nom. Acte Capitulaire du Lundy 14. Avril 1665. par lequel il paroist que remontrances auroient esté faites par le sieur Doyen aux Chapelains & Vicaires de ladite Eglise, & que lesdits Chapelains ayant esté sommez de se retirer, pour laisser la liberté au Chapitre de deliberer sur leurs nouveaux insultes & interruptions faites par Maistre Nicolas de la Folie, & que n'ayant voulu satisfaire, il auroit esté arresté qu'il seroit privé de la distribution qui se faisoit aux Chapelains qui comparoissoient au Chapitre General; que lecture leur ayant esté faite dudit Acte, & ayant esté sommez par trois fois de se retirer, ils auroient obéi. Acte d'appel comme d'abus dudit jour 14. Avril 1665. interjetté par lesdits Chapelains dudit Acte Capitulaire. Requeste presentée aux Requestes du Palais par François Laurier Curateur d'Antoine Laurier son frere, à ce que ledit Crochet fût condamné à rendre compte de la Tutelle qu'il avoit euë dudit Antoine Laurier du 11. May 1666. Sommation faite audit Crochet le 23. Decembre 1665. à la requeste desdits Chapelains, de declarer quelle somme d'argent monnoyé il avoit en ses mains appartenant à la Communauté, sinon qu'il seroit responsable en son nom de la diminution des espéces. Réponse dudit Crochet, qu'il ne pouvoit dire precisément quelle somme de deniers il avoit en ses mains appartenant à ladite Communauté, d'autant qu'il n'avoit pas rendu ses Comptes, en ayant esté empêché par lesdits Chapelains par une Sentence portant défenses de les rendre, laquelle ils luy auroient fait signifier, & lesquels il avoit mis plusieurs fois sur le Bureau pour estre examinez par les Commissaires à ce deputez. Repliques desdits Chapelains à ladite Réponse, & autre Réponse dudit Crochet à ladite Replique du 29. dudit mois de Decembre. Sommation faite à la requeste desdits Chapelains auxdits Chanoines, le 15. Septembre 1665. de declarer à quel sujet ils auroient de leur autorité, & sans participation desdits Chapelains retranché & obmis à faire celebrer un Salut de la Vierge le Dimanche lors dernier fondé en ladite Eglise de Saint Germain, pour estre les Dimanches chanté à l'issuë des Complies, avec protestation de se pourvoir pour raison de ce, & du refus fait auxd. Chapelains de l'entrée du Chapitre de Communauté. Six Certificats du Secretaire de l'Archevêque de Paris,

du

du 19. May 1665. que lefdits Chapelains avoient figné ledit Formulaire. Copie collationnée d'une Ordonnance attachée en placard à la porte de la Sacriftie de ladite Eglife de Saint Germain faite par les Doyen, Chanoines &
Chapitre d'icelle le 24. Juillet 1665. portant que tous les Ecclefiaftiques qui
dépendoient de laditeEglife fe trouveroient auChapitre qui fe tiendroit le lendemain de la Fefte de S. Germain 1. Aouft audit an 1665. pour figner ledit
Formulaire. Acte de déliberation du 31. dudit mois de Juillet defdits Chapelains, portant qu'il feroit interjetté appel comme d'abus de ladite Ordonnance, & cependant qu'ils figneroient ledit Formulaire. Ledit Formulaire figné
defdits Chapelains avec un Certificat de ladite fignature dudit jour 31. Juillet
audit an. Requête defdits Chapelains, à ce que lefdits Chanoines & ledit Crochet Receveur fuffent condamnez folidairement de payer à chacun defdits
Chapelains 110. fols pour leur retribution, qui fe fait ordinairement au Chapitre de Communauté précédant le Carême, avec défenfes de leur refufer à
l'avenir, & ordonné que les fonctions de Diacre & Soufdiacre feroient faites
par les Chantres, Vicaires, & autres Prepofez, & payez pour cet effet,
& de nommer par Placard & Affiches aucuns defdits Chapelains, pour faire
lefdites fonctions, fignifiée le 8. Mars 1664. Acte de proteftation faite par
lefdits Chapelains le 2. dudit mois de Mars, que la fonction de Diacre &
Soufdiacre, que feroient Bourdin & de la Foffe, pour ce infcrits en un Placard attaché à l'une des portes du Chœur, ne leur pourroit prejudicier. Copie d'Arreft par appointé du Parlement du 17.Mars audit an 1664. par lequel
il auroit efté donné Acte au Receveur de ladite Communauté, qu'il n'y avoit
eu aucune diftribution faite le Mardy 26. Fevrier audit an 1664. comme
auffi de la declaration defdits Chanoines, qu'ils n'avoient point efté, & n'é-
toient point refufans de demander & appeller lefdits Chapelains au Chapitre
le jour de la tenuë d'iceluy, quand il feroit parlé des affaires de la Communauté en la maniere ordinaire, ainfi qu'il avoit efté fait jufqu'alors; & ordonné
que lefdits Chapelains feroient les fonctions de Diacre & Soufdiacre, &
autres fonctions du Chœur de ladite Eglife, fuivant qu'ils feroient couchez
fur les Tables, qui feroient dreffées par le Chantre le Samedy de chacune femaine, & appofées au lieu accoûtumé, dont il feroient neanmoins avertis
par le Serviteur dudit Chapitre, à la charge d'en ufer moderément par ledit Chantre. Arreft par appointé rendu entre les Parties du dernier dudit
mois de Mars 1664. Proteftations faites par lefdits Chapelains, le 5. Avril
audit an 1664. contre un Placard affiché au Chœur de ladite Eglife, auquel
ils auroient efté infcrits au deffous des Choriftes, pour faire Diacre & Soufdiacre, à quoy neanmoins ils auroient fatisfait. Procez verbal du 6. Avril
1664. des défordres arrivez en ladite Eglife de S. Germain, le jour des Ra-
meaux de ladite année 1664. en la celebration du Service Divin, contenant
la proteftation faite par lefdits Chapelains contre le Placard affiché au Chœur
d'icelle, & pour y fatisfaire fans tirer à confequence, & éviter fcandale que

G

lefdits Benoiſt & Pêchon Chapelains auroient porté les Chappes oneraires, qu'ils auroient fait les annonces aux Chanoines, leſquels auroient fait ſigne aux Chantres de les dire pour eux, que leſdits Chapelains auroient offert de faire Diacre & Souſdiacre au lieu des Chantres à la Meſſe dudit jour, afin que leſdits Chantres portaſſent leſdites Chappes ; que le Chantre auroit répondu que cela eſtoit juſte, mais que cela ne venoit pas de luy. Que ledit Aubin Chanoine celebrant eſtant revêtu de ſon Aube, n'auroit pas voulu aller a l'Autel, que leſdits Chapelains ne fuſſent en Chappes. A quoy quatre d'entre eux auroient ſatisfait, & que Maiſtre Crochet Chanoine leur auroit dit qu'ils verroient bien d'autres violences. Tables du Chœur de ladite Egliſe Saint Germain, auſquelles leſdits Chapelains auroient eſté inſcrits au deſſous des Chantres, pour faire les fonctions de tout l'Office Divin, le jour de la Pentecoſte 1664. Acte ſignifié le 31. May audit an 1664. à la Requeſte de Maiſtres de la Foſſe & Ruſſias Chapelains audit Matuſſiere Chantre, luy declarant qu'ils ne pouvoient faire leſdites fonctions, n'y eſtant pas accoûtumez, mais que pour éviter ſcandale, ils les feroient ledit jour de Pentecoſte le mieux qu'ils pourroient, & qu'il eût à reformer leſdites Tables. Sommations faites à la requeſte deſdits Chapelains auſdits Chanoines des mois de Juin, Juillet & Aouſt 1664. pour communiquer au Parquet ſur les Requeſtes des Parties Advenir du 4. Septembre 1665. pour la reception de l'appointement aviſé audit Parquet, en execution de l'Arreſt du 12. Aouſt 1665. Autres Tables du Chœur, dans leſquelles leſdits Chapelains auroient eſté inſcrits au deſſous des Chantres, pour faire les fonctions du Service Divin. Requeſte deſdits Chapelains preſentée au Parlement de Paris, à ce qu'il fût ordonné, que l'élection faite d'un Bedeau de ladite Egliſe payé aux dépens de la Communauté, ſeroit declarée nulle, & en conſequence qu'il ſeroit procedé à une nouvelle élection à la pluralité des ſuffrages deſdits Chanoines & Chapelains, avec défenſes au Chantre de ladite Egliſe, & tous autres, d'adjuger aucun logement dépendant de la Communauté, ſans en avoir deliberé au Chapitre commun. Que ſuivant la coûtume obſervée de tout temps immemorial, la fondation nouvellement faite par Jean Cappes Bourgeois de Paris, ſeroit rectifiée & miſe au nom de la Communauté, & par elle acceptée, dont la ſomme ſeroit cottée au juſte ſur la Carte des Obits & Fondations, & enregiſtrée, pour eſtre les reliquats d'icelle procedant des abſences du Chœur, rejettez ſur la Manſe commune. Que celle du ſieur Marquis de Roſtaing à l'inſceu deſdits Chapelains ſeroit parellement rectifiée, & miſe au nom de ladite Communauté comme les autres, avec liberté à chacun des Chanoines, Chapelains & Vicaires d'y aſſiſter, & en percevoir la retribution, ſur laquelle Requeſte auroit eſté mis en plaidant le 28. Aouſt 1666. ſignifiée ledit jour. Huit Quittances des gages payés au Bedeau de ladite Egliſe S. Germain par le Receveur de la Communauté d'icelle des années 1620. & 1621. Pluſieurs Proviſions & priſes de poſſeſſion des Chapelles

au Chœur & Communauté de ladite Eglife de S. Germain des années 1585.
1596. 1597. 1612. 1618. 1656. Copies d'autres provifions obtenues en
Cour de Rome par Me. Olivier, de la Chapelle de S. Jean en ladite Eglife, avec
la claufe de non refidence de l'année 1665. Aéte de prife de poffeffion de lad.
Chapelle par ledit Olivier contenant le refus defdits Doyen & Chanoines de
l'admettre en ladite poffeffion, d'autant que ladite Chapelle obligeoit à refidence. Procès-verbal des violences faites audit Olivier par lefdits Chanoines
en la feconde prife de poffeffion, en vertu d'autres Provifions par luy obtenuës en Cour de Rome de ladite Chapelle portant la claufe de refidence, & proteftation que cette claufe ne lui pourroit préjudicier, icelle n'étant exprimée
que pour plus grande fûreté de ladite Chapelle, le dernier état de laquelle
eftoit de non refidence. Deux autres Provifions auffi obtenuës en Cour de
Rome, l'une par Maiftre Thomas Fortin de la Chapelle de Saint Nicolas, &
l'autre par Maiftre Jean du Puis, avec la claufe de non-refidence, de l'année
1656. Formulaire de ferment des Chanoines de Nôtre - Dame de Paris du
19. Eévrier 1634. par lequel ils auroient promis obéiffance, reverence &
honneur aux autres Chanoines leurs Confreres. Copie de deux Bulles du
Pape Benoift XIII de l'an 1404. en vertu defquelles lefdits Chanoines de Saint
Germain pretendoient exclure les Graduez de la poffeffion de quatorze Chapelles fondées en ladite Eglife, avec les Notes faites fur lefdites Bulles par
l'Univerfité de Paris, & une Requefte de l'année 1639. des Chapelains intervenans pour lefdits Graduez en une Inftance qui eftoit au Confeil entre eux
& lefdits Chanoines, au fujet des Privileges defdites Chapelles. Deux Aétes
contenant la forme du ferment defdits Chapelains de l'an 1551. differents
l'un de l'autre. Sentence du Chaftelet de Paris du 27. Juillet 1605. par laquelle fur les demandes & conclufions de Maiftre Jean Taillevert Preftre
Haut-Vicaire en ladite Eglife S. Germain, afin d'eftre réintegré, maintenu,
& gardé en la poffeffion de ladite place de Haut - Vicaire, les Parties auroient efté mifes hors de Cour & de procès. Arreft du 16 Juin 1606.
confirmatif de ladite Sentence. Extrait de la Pancarte en forme de Table,
contenant tous les Benefices fondez au Chœur & Communauté de ladite
Eglife, même hors d'icelle, & Chapelles particulieres, dont lefdits Chanoines font Collateurs. Autre Extrait tiré des Regiftres de la Communauté de
ladite Eglife S. Germain, d'une Deliberation du Mardy 6. Mars 1640. faite
à la pluralité des voix, tant du Chapitre, que des Chapelains de ladite Communauté, qu'il feroit conftruit un Cabinet au-deffus du Trefor, pour mettre
les Titres, Papiers & Enfeignemens appartenans à ladite Communauté, &
qu'inventaire en feroit fait, conformément à l'Arreft du Reglement general, pour l'execution de laquelle declaration auroient efté nommez quatre
Chanoines & deux Chapelains. Aéte de Proteftation faite par Maiftre Pierre
le Mefnager Chapelain, du 27. Janvier 1656. que la compar tion qu'il
feroit au Chapitre en execution de la Sentence de l'Official d   s   de

l'année 1655. ne luy pourroit prejudicier, y eftant contraint par la neceffité de recevoir fes diftributions. Autre Acte de Proteftation du 28. Janvier audit an 1656. fait par ledit Mefnager, que fa comparution audit Chapitre ne luy pourroit prejudicier, & de fe pourvoir contre ladite Sentence. Deux Tables contenants les huit Chapitres Generaux des années 1599. & 1633. Extrait de deux Comptes de la Communauté defdites années, par lefquels il paroift que lefdits Chanoines auroient affifté auxdits Chapitres quelquefois au nombre de dix & d'autrefois d'onze, & y auroient reçû les diftributions chacun à part comme les Chapelains. Autre Table des Vicaires-Chantres ftipendiez de l'année 1620. où ledit Feüillet Chapelain auroit reçu *pro diftributore*. Procuration du 5. Decembre 1607. paffée par le Doyen, deux Chanoines & un Chapelain deputé du Chapitre de Communauté à Guillaume Margotier auffi Chapelain nommé Receveur de ladite Communauté, avec l'Acte de cautionnement par luy baillé. Proteftation du 13 Juin 1664. faite par lefdits Chapelains contre les Actes qui pourroient eftre écrits à leur infçu en deux pages laiffées en blanc dans le Regiftre de ladite Communté, immediatement devant la fignature du Formulaire. Arreft du Parlement de Paris du 27 Février 1666. entre les Heritiers de Jules Pillette fieur de la Menardiere, Demandeurs, & les Marguilliers de l'Oeuvre & Fabrique de S. Germain, Défendeurs, par lequel il auroit efté ordonné que lefdits Marguilliers prendroient une rente de deux cens livres, ou le principal d'icelle montant à 3600. liv. à leur choix, pour la Fondation faite par ledit fieur de la Mefnardiere, autrement l'option referée au Curé. Contrat d'acceptation d'un Annuel fondé en ladite Eglife de Saint Germain par Agnès l'Empereur, paffé entre fes Heritiers & lefdits Marguilliers, le 5. May 1667. Arreft du Parlement de Paris du 5. Janvier audit an 1667. entre le Syndic des trois Communautez, des Prebendiers de l'Eglife Metropolitaine de Toulouze, Demandeurs, & le Syndic des Chanoines & Chapitre de ladite Eglife, Défendeurs, par lequel il auroit efté ordonné qu'à l'avenir le revenu des Obits feroit diftribué à ceux qui feroient actuellement fervants, & baillé manuellement à chacun des prefents feulement, fans qu'il pût eftre accordé aucune prefence aux abfents, finon à ceux qui feroient employez pour les affaires concernant les Obits ; Et qu'à cet effet le Pointeur feroit tenu de communiquer au Syndic des Prebendiers les Cartes des prefents toutes fois & quantes qu'il en feroit requis. Que les Syndics du Chapitre ne pourroient faire aucuns Baux à Ferme, accorder aucune diminution, ni faire aucunes affaires concernant lefdits Obits, fans y appeller les Syndics des Prebendiers, que les Comptes de l'adminiftration du revenu des Obits & Pieces juftificatives feroient communiquez auxdits Syndics pendant huitaine auparavant la reddition d'iceux, & défenfes auxdits Chanoines de proceder à l'audition & clôture defdits Comptes, fans avoir préalablement fatisfait à ladite communication, fous les peines portées par les Arrefts. Lefdits de Chapitre condamnez aux dommages & interefts defdits Prebendiers, pour n'avoir fatisfait auxdits Arrefts , & fuivant iceux communiqué les Titres & Pieces juftificatives defdits Comptes , lefquels auroient efté liquidez à la fomme de fix mille livres. Que les Syndics des Prebendiers pourroient faire dreffer à leurs frais , écrire & inferer les Fondations de tous les Obits, qualitez & revenus d'iceux , faire faire un Tableau defdits Obits , lequel feroit mis dans un lieu commode de ladite Eglife ; & à cette fin que le Syndic dudit Chapitre feroit tenu de leur exhiber & communiquer tous les Titres & Actes concernant lefdites Fondations , même celle du Cardinal de Joyeufe , de la fomme de 1500. livres, de laquelle lefdits de Chapitre feroient tenus de rendre compte , comme faifant partie de la Table des Obits. Acte du 13. Nov. 1657. de Proteftation de nullité faite par lefdits Chapelains des Actes Capitulaires faits par lefdits Chanoines feuls, portant divifion des Charges de Pointeur & Diftributeur du Chœur de ladite Eglife de S. Germain toujours exercée par un même Chapelain. Extrait de la Sentence d'Ordre des Biens des nommez Poulet & Parifis du 30. Juin 1661. contenant la fupputation de ce qui a efté reçû par lefdits Chanoines pour la Fondation du fieur d'Hervieux. Copie de Bail à loyer du 3 Decembre 1658. fait par lefdits Chanoines des Terres & Rentes à eux appartenantes fifes à Lagny & ès environs, moyennant 1200. livres par an. Quatre Certificats defdits Romecan & de la Fofle Chapelains, des années 1664. 1665. 1666. & 1667. qu'ils avoient celebré la Meffe annuelle & perpetuelle pour ledit feu Mefnager vivant auffi Chapelain de ladite Eglife. Extrait d'Acte de la Communauté du Chapitre du Mardy vingt-quatre Juillet 1640. par lequel il paroift que Mathurin Goffier Chapelain auroit remis fur le Bureau du Chapitre en l'Affemblée de la Communauté le Livre de la Pointe, & qu'il avoit efté arrefté qu'il feroit procedé à la confection des Tables , avec les Deputez defdits Chapelains. Autre Acte du 7. Janvier 1665. de proteftation faite par lefdits Chapelains contre tous les Actes d'élection d'Officiers Baux de Maifons, & autres Actes qui pourroient eftre faits par lefdits Chanoines en l'abfence defd. Chapelains au Chapitre general de Communauté, dont l'entrée leur auroit efté refufée. Actes Capitulaires du 11. Octobre 1666. par lefquels il paroift que les Tables de diftribution du Chœur ayant efté mifes fur le Bureau, lefd. Chapelains fe feroient oppofez à ce qu'elles fuffent arreftées, tant parce qu'elles étoient faites par lefdits Chanoines , qu'à caufe du Titre d'icelles alteré & innové, au prejudice d'une poffeffion immemoriale , & que non obftant ladite oppofition le Chapitre auroit ordonné que les Tables feroient fignées, avec proteftation contraire. Autre Acte du 18. Avril 1667. contenant la requifition faite par l'un defdits Chapelains au Chapitre, qu'il fût procedé à l'élection d'un Organifte. Les traitemens qui luy auroient efté faits par ledit Colombet Prefident audit Chapitre , & le Grand l'un defdits Chanoines, à caufe de la propofition qu'il avoit faite , & l'oppofition defdits Chapelains à la nomination qui pourroit eſtre faite par leſdits Chanoines ſeuls d'un Organiſte, & autres Officiers concernant ladite Communauté, ſignifié auxdits Chanoines tenant ledit Chapitre ledit jour 18. Avril qui auroient fait réponſe, que leſdits Chapelains ne faiſoient point de Corps à part, que ledit Chapitre eſtoit un Chapitre General, auquel les Vicaires & Chapelains eſtoient mandez pour recevoir les remontrances & corrections à cauſe des défauts par eux commis au Service Divin, que leſdits Chapelains n'avoient aucune voix déliberative audit Chapitre, auquel ils eſtoient inferieurs & ſoûmis. Que dans ledit Chapitre General ayant eſté appellez par leurs noms propres, les uns après les autres, ils avoient répondu, *Adſum*, en particulier, qu'il n'eſtoit point queſtion audit Chapitre des affaires de la Communauté, mais ſeulement de la Police generale en l'Egliſe, & diſcipline, qui appartenoient auxdits Chanoines ſeuls, comme Superieurs deſdits Chapelains, Vicaires & autres portans l'habit dans l'Egliſe; qu'il n'appartenoit point auxdits Chapelains de s'entremettre des affaires du Chapitre, qui étoit compoſé des Doyen & Chanoines ſeuls, & non deſdits Chapelains; qu'ils n'ont aucune entrée, ſeance ni voix audit Châpitre, eſtant ſeulement appellez hors l'enceinte d'iceluy, & derriere le Bareau, comme les Vicaires, & autres ſujets, & ſoûmis à l'autorité du Chapitre. Qu'à l'égard dudit Organiſte la direction & nomination en appartenoit au Chapitre, & non auxdits Chapelains, & que les violences alleguées par ledit Acte eſtoient fauſſes & ſuppoſées. Trois Actes Capitulaires de la Communauté, des années 1638. 1647. & 1662. portant reception d'Organiſtes, & augmentation de leurs gages. Autre Acte du 13. Octobre 1666. de requiſition faite par Maiſtre François Chambrehault l'un deſd. Chapelains, au Chapitre de Communauté de le tenir pour preſent à l'Office pendant le reſte de ſes études, avec proteſtation contre le déni qui luy en auroit eſté fait par leſdits Chanoines ſeuls. Autre Acte Capitulaire du Vendredy 7. Janvier 1667. portant continuation des Officiers, à quoy leſdits Chapelains ſe feroient oppoſez, & à ce que les Tables de la Communauté fuſſent ſignées en la forme qu'elles étoient dreſſées, & notamment parce que ledit le Clerc Chanoine y eſtoit couché pour une ſomme de cinquante livres pour raiſon d'une penſion à luy accordée par leſdits Chanoines ſeuls, bien que ce fût un fait de la Communauté, & que pareille grace eût eſté refuſée par leſdits Chanoines audit Chambrehault étudiant. Nonobſtant laquelle opoſition attendu que la grace accordée audit le Clerc ne dépendoit point de la Communauté, & que ledit Chambeehault ne l'avoit jamais demandée audit Chapitre, il auroit eſté arreſté que les Tables ſeroient ſignées à l'ordinaire. Autre Acte Capitulaire du Mardy 21. Juin 1667. par lequel il auroit eſté deputé deux Chanoines & ledit Broüillard Chapelain pour dreſſer les Tables de l'aſſiſtance au Service Divin, à quoy leſdits Chapelains ſe feroient oppoſez. Autre Acte Capitulaire du Mardy 19. Juillet 1667. portant que la ſomme de ſix cens liv. provenant du rachapt d'une Rente leguée à la Communauté par Maiſtre

Pierre le Mefnager Chapelain, feroit mife dans le coffre de ladite Communauté, & qu'à cet effet les dépofitaires des clefs d'iceluy les apporteroient ; à quoy fe feroient oppofez lefdits Chapelains, & furquoy il auroit efté ordonné que pour la confervation de ladite fomme , elle feroit mife dans le coffre du Chapitre par forme de dépoft jufques à ce que Maiftre Charles Pêchon Chapelain, dépofitaire dë l'une defdites clefs , eût apporté ladite clef ; & attendu l'abfence du Greffier ledit Fortin Chanoine auroit efté commis pour écrire le prefent Acte. Autre Acte de proteftation dudit jour 19. Juillet faite, par lefdits Chapelains contre tout ce qui avoit efté fait par les Chanoines feuls au fujet dudit rachapt, & d'empêchement que ledit Greffier n'infere dans ledit Chapitre aucun Acte dudit jour qui luy pourroit eftre renvoyé par les Chanoines feuls. Arreft du Parlement du 14. Mars 1663. portant défenfes de mettre à execution le decret d'ajournement perfonnel obtenu par Maiftre Plaftrier Notaire contre ledit Pêchon. Deux Actes de requifitions des 9. Aouft & 10. Novembre 1667. faits par lefdits Chapelains aufdits Chanoines , de leur payer le droit de leur reception de Maiftre Charton en l'une des Prebendes de ladite Eglife à eux retenu par le Receveur de ladite Communauté. Autres Actes des 4. & 9. Juillet 1668. auffi de requifitions faites par lefdits Chapelains auxdits Chanoines, de leur payer pareillement le droit de reception de Maiftre le Bourg en l'une defdites Prebendes. Autre Acte du 13. Septembre 1667. d'oppofition formée par lefdits Chapelains à l'adjudication d'une Maifon de ladite Communauté, & requifition faite auxdits Chanoines d'accorder un mois d'abfence audit Pêchon Chapelain. Acte Capitulaire du Lundy 20. Octobre 1667. portant adjudication de ladite Maifon à Jean Largeau, à la charge de donner caution , & que lefdites Tables feroient fignées à l'ordinaire ; à quoy lefdits Chapelains fe feroient oppofez, parce que plufieurs eftoient couchez francs fur icelles, & que le titre eftoit alteré. Autre Acte du 7. Janvier 1668. d'oppofition & proteftation faite par lefdits Chapelains , de ce que ledit Broüillard avoit par furprife fait glifter fur le Bureau du Chapitre de Communauté lefdites Tables pour eftre fignées, fans avoir efté faite aucune députation defdits Chanoines & Chapelains, conjointement pour les drefter ; & que par icelles tous les Chanoines auroient efté tenus francs, quoiqu'ils euffent efté long-temps abfens, & les Chapelains abfens quoique prefens, & de ce qu'on auroit continué lefdits Crochet, Chappellier & Broüillard en leurs fonctions, & dechargé ledit Largeau de la caution par luy promife au prejudice de l'oppofition defdits Chapelains. Autre Acte Capitulaire dudit jour 7. Janvier 1668. par lequel fur ce que Maiftre de la Fofte Chapelain auroit pris & emporté lefdites Tables mifes fur ledit Bureau, il auro't efté arrefté que ledit de la Fofte feroit tenu de comparoir au prochain Chapitre, pour luy eftre faites remontrances d'eftre à l'avenir plus fage & plus moderé , avec injonction de ne plus commettre de telles infultes, ni voyes de fait, & de fe comporter envers ledit Chapitre avec plus de refpect,

& luy porter honneur & obéiſſance comme à ſes Superieurs, ainſi qu'il eſtoit obligé. Signification dudit Acte audit de la Foſſe & ſa réponſe, que ledit Acte n'eſtoit point fait au nom des Chanoines & Chapelains, qui compoſent conjointement & également les quatre Chapitres generaux. Qu'il ne falloit pas s'étonner ſi après avoir pris communication deſdites Tables, il y avoit trouvé des ſurpriſes faites par ledit Broüillard colluſoirement avec leſdits Chanoines, qu'il les avoit fait voir au même inſtant à ſes Confreres Chapelains Capitulans, leſquels avoient jugé à propos de les faire parapher, *ne varietur*, par des Notaires, & de prendre Actes deſdites ſurpriſes, & qu'ainſi ſon action n'eſtoit pas une voye de fait, mais une action de juſtice, & qu'il interjettoit appel comme d'abus dudit Acte Capitulaire. Table faite par ledit Broüillard des abſences, tant deſdits Chanoines que Chapelains pendant l'année 1667. Extrait methodique deſdites abſences. Trois autres Tables de diſtribution pendant ladite année 1667. contenant tous les Chanoines pleins gagnans. Autre Acte Capitulaire du 2. Mars 1632. par lequel il auroit eſté accordé à Maiſtre Colombet la ſomme de cent livres d'abſences pendant ſon voyage de Rome, & ordonné que pareille grace ſeroit faite à celuy, tant des Chanoines que Chapelains qui auroient de ſemblables & effectives intentions. Quatre Tables de diſtributions des années 1664. 1665. 1666. & 1667. Autre Table de l'année 1662. Autre Table des Chanoines & Chapelains des années 1639. 1641. & 1646. Autre Table des Stipendiez des années 1639. & 1640. Autre Table des années 1663. 1664. 1665. 1666. 1667. & 1668. Extrait d'une Epitaphe attachée à ladite Egliſe, contenant la Fondation faite par le ſieur de Santeüil, & qu'il avoit eſté donné par icelle la ſomme de mil eſcus Sol, laquelle auroit eſté à l'inſtant employée par ledit Chapitre à l'achapt de ſoixante & ſix eſcus quarante ſols de rente, conſtituée par les Marguilliers de ladite Egliſe, par Contrat du 3. Avril 1582. Autre Extrait fait de l'Ordonnance de la Cour de l'avertiſſement produit par leſdits Chanoines, par lequel ils auroient déclaré avoir eſté rembourſez la veille du décry des Monnoyes de trois mille livres pour une rente conſtituée ſur l'Hoſtel de Ville de Paris. Imprimé d'Arreſt du Conſeil du 20. Aouſt 1667. portant défenſes de bâtir ni rebâtir & ameliorer aucune Maiſon dans le deſſein du Louvre. Acte Capitulaire du Mardy 11. dudit mois d'Aouſt, contenant les offres faites par Maiſtre Fortin Chanoine de cent cinquante livres par an, ou mille livres une fois payée pour la Maiſon de la Communauté adjugée à Maiſtre Chappellier, l'oppoſition des Chapelains à la reception deſdites offres & leurs encheres juſques à 300. livres de loyer par an. Autre Acte Capitulaire du Mardy 30. dudit mois d'Aouſt, contenant la requiſition faite par ledit Fortin, que ladite Maiſon luy fût adjugée pour ſes offres comme eſtant la juſte valeur, l'oppoſition deſdits Chapelains à ladite requiſition, que ladite Maiſon fût adjugée au plus offrant & dernier encheriſſeur. Oppoſition dudit Crochet aux encheres deſdits Chapelains, d'autant qu'ils ne devoient eſtre admis à encherir

cherir à un prix plus haut que leurs diftributions pour lefquelles ils eftoient
couchez fur les Tables, lefquelles fervoient de nantiffement du prix & loyer
des Maifons que chaque Particulier occupoit de ladite Communauté. Offres
defd. Chapelains de payer par avance & de donner caution,que du Buha Chapelain preftoit fon nom pour introduire des Etrangers dans ladite Maifon, ce
qui eftoit contraire à la Sentence Arbitrale qui donnoit la preference auxCha-
noines & après eux aux Chapelains, & les offres faites par ledit Chappelier de
la fomme de 310 liv. pour ladite Maifon. Autre Acte Capitulaire du Mardy
6. Septembre audit an 1667. par lequel ladite Maifon auroit efté adjugée audit Chappelier, comme plus offrant & dernier encheriffeur, à la fomme de
350. livres. Oppofitions defdits Chapelains du 5. Octobre 1667. à la Proce-
dure faite par ledit Chappelier fous le nom de ladite Communauté, contre
Maiftre Vorfe Procureur au Grand Confeil,pour le faire fortir de lad. Maifon,
jufques à ce qu'il en eût efté deliberé par lefdits Chanoines & Chapelains conjointement, & conclu à la pluralité des voix, fuivant l'ufage. Autre Acte
Capitulaire du Mardy 16. Mars 1668. par lequel, pour donner plus d'air & de
jour aux Maifons de la Communauté fituées attenantes celle adjugée audit
Chappelier, il auroit efté arrefté qu'il feroit changé en icelle un petit corps de
logis, & pour cet effet commis deux Chanoines & ledit Broüillard Chapelain,
lefquels y pourroient employer jufques à la fomme de 1500. livres, à quoy
lefdits Chapelains fe feroient oppofez. Oppofition defdits Chapelains du 9.
dudit mois de Mars, à ce qu'au prejudice dudit Arreft du Confeil du 20. Aouft
1667. ledit Chappelier n'eût à faire aucun nouvel œuvre en ladite Maifon, &
que le Receveur de ladite Communauté n'eût à luy délivrer ladite fomme de
1500. livres. Autre oppofition defdits Chapelains du 4. Juin 1668. à l'entreprife faite par ledit Chappelier fur une autre maifon dépendante de ladite
Communauté. Arreft du Parlement du 7. Juin 1666. portant renvoy du differend des parties pour en paffer par l'avis des Gens du Roy. Autre Arreft du
Confeil du 17. Aouft 1668. contradictoirement rendu entre les Parties, par
lequel elles auroient efté renvoyées au grand Confeil pour y proceder fur le
gain franc pretendu par Maiftre François Olivier Chapelain,fans que la requifition par luy faite aufdits Chapelains, ni leur confentement & Arrefts qui
pourroient eftre rendus audit grandConfeil, puffent nuire ni prejudicier à l'Inftance pendante audit Parlement touchant le Chapitre de Communauté pre
tendu par lefdits Chapelains & contefté par lefditsChanoines; fur lequel Che-
& autres pendans en iceluy, les Parties procederoient audit Parlement, & lefdits Chapelains déchargez de l'affignation donnée audit Confeil à la Requefte
defdits Chanoines. Autre Arreft dudit Parlement du 6. Mars 1670. portant
que les Arrefts des 7. Juin 1666. 28. Fevrier & premier Septembre 1667.
& 6. Septembre 1668. feroient executez, ce faifant que le temps porté par
iceux pour juger par les Gens du Roy tous les differends dont eft queftion
entre les Parties, demeureroit prorogé de leur confentement jufques au der-

nier Decembre lors prochain. Extrait de la production defdits Chapelains
fait par leur Avocat. Qualitez des Parties fignées de Raviere Avocat Requefte prefentée a Sa Majefté par lefdits Chapelains, à ce qu'il luy plût renvoyer les procès & differends des Parties reftant à juger avec toutes leurs
circonftances & dépendances au Parlement de Paris, pour y eftre procedé
fuivant les derniers erremens & Actes, & ainfi qu'auparavant lefdits Arrefts
fubrepticement obtenus les 2. Mars & 11. Avril 1671. & pour la furprife faite
par lefdits Chanoines à la religion de la Juftice de Sa Majefté, les condamner en tous les dépens dommages & interefts defdits Chapelains. Requefte
de Maiftre Gilles de la Foffe cy-devant Chapelain perpetuel dudit S. Germain, à ce que lefdits Doyen & Chanoines fuffent condamnez à la reftitution de tous les deniers à luy dûs & par eux retenus depuis le premier Avril
1655. jufques au temps de fa démiffion, pour fes affiftances au Chœur & autres droits, & en tous fes dépens dommages & interefts. Procuration du 8.
May 1655. paffée par lefdits Chapelains à Maiftre Jean Benoift auffi Chapelain & audit Gilles de la Foffe, pour pourfuivre toutes caufes en demandant
& deffendant contre toutes perfonnes concernant le bien des Benefices
defdits Chapelains. Acte Capitulaire du premier Juillet audit an 1655. par
lequel fur ce que ledit Gilles de la Foffe auroit interrompu mal à propos &
avec mépris le fieur Chantre Prefident audit Chapitre & ledit Colombet
Chanoine lorfqu'ils faifoient les remontrances ordinaires tant aux Chapelains qu'aux Vicaires, & que ledit Pierre le Mefnager avoit auffi parlé avec
mépris, il auroit efté arrefté que lefdits de la Foffe & Mefnager feroient
mandez au Chapitre au lendemain fept heures du matin, pour eftre admo-
nétez de fe comporter plus modeftement a l'avenir, de porter honneur,
refpect & reverence aufdits Chanoines & Chapitre, & recevoir les repri-
mandes avec foumiffion & déference ainfi qu'ils y eftoient obligez, fignifié
ledit jour premier Juillet. Autre Acte Capitulaire du 2. Juillet audit an 1655.
portant que lefdits le Mefnager & Gilles de la Foffe feroient derechef fommez de comparoître au Chapitre du Mardy lors prochain avant que l'on
traitât des affaires de Communauté, pour recevoir les remontrances ordonnées par l'Acte precedent, faute dequoy qu'il feroit procedé contre eux
par privation de leurs diftributions, ou autrement ainfi qu'il feroit avifé par
le Chapitre. Autre Acte Capitulaire du Mardy 6. Juillet audit an 1655. par lequel il paroift que lefdits le Mefnager & de la Foffe auroient comparu audit Chapitre, que ledit le Mefnager auroit dit qu'il n'y eftoit pas allé pour
recevoir les remontrances du Chapitre, mais pour les affaires de la Communauté a l'ordinaire, & que ledit fieur Doyen faifant des remontrances
audit Gilles de la Foffe il auroit interrompu ledit Doyen & dit qu'il ne con-
noiffoit audit Chapitre aucun Superieur ni aucune perfonne pour luy faire
des remontrances, & que fi ledit fieur Doyen avoit quelque chofe à luy dire
il luy devoit dire en particulier; fur quoy déliberation prife entre lefdits de

Chapitre, il auroit esté arrêté en presence desdits Chapelains que lesdits le Mesnager & de la Fosse seroient privez de leurs distributions jusques à ce qu'ils eussent receu les remontrances à eux ordonnées estre faites par lesdits Actes des 1. & 2. dudit mois de Juillet, à quoy lesdits Chapelains se seroient opposez, excepté Maistre Charles Pêchon l'un d'iceux, qui auroit declaré ne vouloir s'opposer, & que toutes fautes estoient personnelles. Requeste presentée à l'Official de Paris par la Communauté desdits Chapelains, à ce qu'il leur fût permis de faire assigner lesdits Chanoines pour voir dire, que lesdits Chapelains seroient receus opposans ausdits Actes Capitulaires desdits jours 1. 2. & 6. Juillet 1655. ce faisant, ordonné que le Receveur & Distribu-teur du Chapitre de Communauté payeroit ausdits le Mesnager & de la Fosse les distributions à eux deuës tant depuis ledit jour six Juillet qu'aupa-ravant, enjoint à eux de les leur distribuer ainsi qu'aux autres Assistans selon la forme ordinaire. Que deffenses seroient faites ausdits Chanoines de prendre aucune Cour & Jurisdiction sur lesdits Chapelains, & s'il écheoit qu'ils eussent sujet de plainte contre eux ou l'un d'eux, qu'ils se pourvoi-roient pardevant ledit Official comme Juge ordinaire de toutes les Parties. Qu'ils seroient tenus de traiter fraternellement lesdits Chapelains leurs Con-freres audit Chapitre de Communauté y ayant voix égale & déliberative avec eux, avec deffenses de ne plus user de paroles injurieuses en leur en-droit. Que le Greffier seroit tenu d'écrire ce qui seroit proposé pour ladite Communauté par lesdits Chapelains ou l'un d'eux sans y rien adjoûter ni di-minuer, & que la déliberation faite & écrite seroit leuë au mesme instant par ledit Greffier qui seroit tenu de délivrer copies à ceux qui l'en requerroient. Que les déliberations qui seroient faites en Chapitre seroient signées avant que d'en sortir par le President audit Chapitre & par le plus ancien desdits Chapelains qui y assisteroient. Que le livre desdites déliberations du Cha-pitre de Communauté seroit numeroté jusques au dernier feüillet, l'Ordon-nance dudit Official estant au bas de ladite Requeste du 19. Aoust 1655. por-tant permission d'assigner aux fins d'icelle, avec l'assignation donnée en con-sequence ausdits Chanoines. Acte du 21. Octobre audit an 1655. de requisi-tion faite par ledit Gilles de la Fosse à Maistre Jean Aubin Chanoine Rece-veur de la Communauté de ladite Eglise de luy payer 45. livres pour ses assi-stances au Chœur pendant les mois d'Avril, May & Juin de ladite année 1655. & douze sols six deniers pour son assistance au Chapitre general du pre-mier Juillet audit an, à la déduction de 3. livres 16. sols pour un quartier es-cheu au premier dudit mois de Juillet de la reconnoissance que faisoit ledit de la Fosse à ladite Communauté du logement qu'il tenoit d'icelle, sans pre-judice de ses autres distributions posterieures. Réponse dudit Aubin que sur la somme de 41. livres 19. sols 10. deniers deuë audit de la Fosse, il auroit donné à Charles Pêchon & à Claude Compagnon aussi Chapelains la som-me de 4. livres par ordonnance du Chapitre, & que pour la somme de 36.

livres 19. fols 6. deniers reftante, il eftoit preft de la payer audit de la Foſſe
en fignant par luy lesTables. Exploit d'affignation du 22.Octobre 1655.baïl-
lée pardevant ledit Official de Paris à la Requeſte dudit Gilles de la Foſſe
audit Aubin, pour eftre condamné à luy payer lefdites fommes. Sentence
dudit Official renduë par deffaut le 22. Janvier 1656. portant que lefdits le
Meſnager & de la Foſſe fatisferoient à la Sentence du 29. Decembre 1655.
dans la huitaine, finon dès lors adjugé aufdits Chanoines les fins & conclufions de leur Requeſte, fignifiée le 26. dudit mois de Janvier. Requeſte prefentée audit Official par ledit Gilles de la Foſſe, à ce qu'il luy fût permis de
faire informer de ce que ledit Champion Chanoine, voulant emporter plufieurs Titres du Treſor de ladite Egliſe, il auroit frappé à coups de poings,
de pieds & de clefs ledit de la Foſſe qui le vouloit empefcher, déchiré fon fur-
plis & fait plufieurs autres violences. L'Ordonnance du 14.Novembre 1655.
portant Acte de ladite plainte, & pour oüir les Parties fur icelle permis de
donner Affignation. Autre Requeſte prefentée audit Official par ledit de la
Foſſe, à ce qu'il luy fût permis de faire affigner lefdits Doyen & Chanoines
feuls, pour eftre condamnez de luy donner fur fon recepiſſé un Reglement
homologué par ladite Officialité le 21.Octobre 1635. fignifié à Maiſtre Antoine Barbier Preſtre Vicaire perpetuel en ladite Egliſe, & à Meufnier auſſi
Preſtre commis dans la Sacriſtie dite de la Vierge, à peine de tous dépens
dommages & interefts, pour en eftre tiré copie collationnée, fi mieux ils
n'aimoient mettre ladite piece au Greffe pour eftre procedé à la collation d'i-
celle, l'Ordonnance eſtant au bas du 2. Avril 1658. portant permiſſion audit
de la Foſſe de faire affigner qui bon luy fembleroit. L'exploit d'affignation
donnée en confequence aufdits Doyen & Chanoines le 3. dudit mois d'Avril.
Sentence dudit Official renduë par deffaut le 19. dudit mois d'Avril, par laquelle il auroit eſté ordonné que ledit Reglement du 21.Octobre 1635. feroit
fignifié au Curé ou Vicaire perpetuel de ladite Egliſe S. Germain aux dépens defdits de Chapitre, & fur la demande dudit de la Foſſe contre ledit
Curé ou Vicaire perpetuel avant que faire droit au principal, que par maniere de provifion ledit Reglement feroit executé, ce faifant que ledit de la
Foſſe celebreroit fa Meſſe en ladite Egliſe & Sacriſtie dite de la Vierge fous
la direction dudit fieur Curé ou Vicaire perpetuel, que les ornemens luy feroient fournis comme auparavant, que la retribution luy en feroit payée felon fon rang par preference aux Habituez en ladite Egliſe, & deffenfes à
toutes perfonnes de l'y troubler, & en confequence que la retribution luy
feroit payée pour les Meſſes par luy celebrées à la décharge de ladite Sacriſtie, fignifiée audit Curé ou Vicaire perpetuel le 20. dudit mois d'Avril
audit an. Autre Requeſte prefentée au Parlement par ledit Gilles de la Foſſe
le 17.Octobre 1656. à ce qu'il fût receu appellant comme d'abus d'uneOrdon-
nance faite par lefdits Chanoines feuls le 6. Juillet 1655. & ordonné qu'il feroit payé de toutes les diftributions à luy deuës. Arreſt du Parlement du 16.

Decembre audit an 1 6 5 6. par lequel ledit de la Foſſe auroit eſté receu appellant, & joint le ſurplus de ſa Requeſte. Autre Requeſte dudit Gilles de la Foſſe
du 16. Juillet 1 6 6 4. à ce qu'il fût receu partie intervenante en l'Inſtance d'entre leſdits Chanoines & Chapelains. Appointement de Reglement intervenu
ſur ladite Requeſte le premier Septembre audit an 1 6 6 4, Appel comme
d'abus interjetté par ledit de la Foſſe le 27. Janvier 1 6 5 6. de la Sentence renduë en ladite Officialité le 1 o. dudit mois de Janvier. Aſte de produit ſur ladite intervention & ſommation de prendre communication par leſdits Chanoines des 1 3. & 1 7. Juin 1 6 6 7. Requeſte deſdits Doyen, Chanoines &
Chapitre audit Official de Paris, à ce qu'attendu le mépris fait par ledit le
Meſnager & de la Foſſe de ſe trouver audit Chapitre en execution de ladite
Sentence du 1 7. Janvier 1 6 5 6. & d'obeïr aux ſommations qui leur en ont eſté
faites, il fût ordonné qu'ils demeureroient privez de toutes leurs diſtributions de la Communauté de ladite Egliſe, tant de celles qui leur avoient eſté
remiſes par ladite Sentence, que de leurs diſtributions qui arriveront cy-
après juſques à ce qu'ils ayent obey, & qu'elles ſeroient employées en œuvres pies, au bas de laquelle eſt l'Ordonnance, ſoit donné aſſignation audit
le Meſnager & de la Foſſe du 2 1. Janvier 1 6 5 6. ſignifiée leſdits jour & an. Autre Requeſte preſentée audit Parlement par ledit Gilles de la Foſſe, à ce que
ſur les appellations comme d'abus par luy interjettées de la Sentence de l'Official du 1 o. Janvier 1 6 5 6. & de l'Ordonnance appoſée au bas d'icelle, à luy
preſentée par leſdits Chanoines au mépris dudit appel, les Parties euſſent audience, & ſans prejudice du droit d'icelle au principal il fût ordonné que ledit Gilles de la Foſſe ſeroit payé tant du paſſé que de l'avenir par maniere de
proviſion des diſtributions de tout ce qui ſe paye par Table, comme auſſi de
tout ce qui luy appartient en ſa qualité de Capitulant, comme lods & ventes, remanets ou reliquats de comptes, droits Seigneuriaux, & les cent dix
ſols qui ſe donnent certain jour de l'année pour les aſſiſtances aux Chapitres
aux ſeuls Chanoines & Chapelains Aſſiſtans & Capitulans en iceux, & les trois
livres qui ſe donnent par chaque aſſiſtance pareillement auſdits Chanoines
& Chapelains, qui ſelon leur ordre de reception aſſiſtent à la reddition des
comptes, autant de fois qu'il ſe trouvera qu'il y aura aſſiſté ſelon ſon rang depuis la vexation qui luy a eſté faite, & ce conformément au Reglement de
1 6 3 9. donné à la requeſte dudit ſieur le Charon Doyen de ladite Egliſe, &
en tout cas en baillant par ledit de la Foſſe bonne caution de rapporter ce
qui ſera par luy receu, s'il eſt ainſi ordonné, à ce faire les Diſtributeurs contraints par toutes voyes deuës & raiſonnables, ce faiſant déchargez, au bas
de laquelle eſt l'Ordonnance, viennent les Parties du 2 o. Juin 1 6 5 9. ſignifiée
ledit jour & an. Arreſt dudit Parlement du 2 5. Juin enſuivant, par lequel ledit Gilles de la Foſſe eſt debouté de ſadite Requeſte & condamné aux dépens. Autre Requeſte deſdits Doyen, Chanoines & Chapitre audit Parlement, à ce qu'ils fuſſent receus oppoſans à l'execution de l'Arreſt du pre-

mier Septembre 1664. obtenu par ledit de la Foſſe debouté de ſon intervention , & ordonné que les Arreſts contre luy obtenus par leſdits Chanoines ſeroient executez, & que ſuivant iceux les Parties viendroient plaider ſur leſdites appellations comme d'abus , au bas eſt l'Ordonnance, viennent les parties du 20. Decembre 1664. ſignifiée leſdits jour & an. Acte du 7. Juin 1673.
par lequel Gilles de la Foſſe declare auſdits Doyen & Chanoines qu'il a mis
ſa production & pieces dont il entend ſe ſervir pardevant le ſieur Boucherat
Conſeiller d'Etat ordinaire, en execution des Arreſts d'évocation de leurs
differends pendans au Parlement de Paris audit Conſeil. Acte de reception
faite par leſdits du Chapitre de Maiſtre Charles Colombet en la Chanoinie
& Prebende de laquelle il joüiſſoit en ladite Egliſe du 10. Juillet 1618. Bail
fait par leſdits du Chapitre capitulairement aſſemblez, & après avoir pris
l'avis des Chapelains, à Maître Robert Langlois l'un deſdits Chanoines pendant ſa vie canoniale d'une maiſon ſiſe au Cloiſtre de ladite Egliſe dépendante de ladite Communauté du 11. Janvier 1622. Extrait d'acte & conclu-
ſion Capitulaire dudit Chapitre & Communauté de ladite Egliſe du Mardy
28. Mars 1628. portant ratification d'un accord fait entre leſdits Langlois &
Colombet, par lequel ledit Colombet auroit cedé audit Langlois la maiſon qu'il tenoit pendant ſa vie canoniale, & ledit Langlois pareillement celle qu'il tenoit auſſi à vie canoniale. Sentence des Requeſtes du Palais du 18.
Septembre 1629. portant que la maiſon dudit Colombet ſeroit viſitée. Autre
Acte Capitulaire du Mardy 1. Octobre 1641. par lequel il auroit eſté accordé
audit Colombet les deux Arcades du milieu de la Fontaine artificielle,des trois
que tenoit le feu ſieur Doyen , pour en joüir pendant ſa vie canoniale. Autre
Acte capitulaire du Vendredy 4. Juillet 1653. portant que ledit Colombet
joüiroit ſa vie canoniale de l'Arcade qui eſtoit reſervée au commun. Autres
Actes capitulaires des années 1627. 1633. 1639. 1640.& 1643. par leſquels
il paroiſt que ledit Colombet a eſté Agent des affaires dudit Chapitre, & qu'il a
eu d'autres emplois pour iceluy, pendant qu'il a eſté Chanoine dans ladite
Egliſe. Autre Acte du Chapitre general du 24. Avril 1645. par lequel ledit Colombet auroit eſté nommé pour faire l'Office de Chantre en lad. Egliſe. Autre
Acte Capitulaire du Vendredi 23.Janvier 1665.par lequel ledit Colombet auroit eſté declaré Jubilaire,pour joüir du droit & privilege de ceux qui ont rendu
ſervice à l'Egliſe pendant 50.ans.Autre ActeCapitulaire du 25 Fevrier 1639.
portant que Maiſtre Henry Aubin nonobſtant la reſignation faite de ſa Chanoinie demeureroit en ſa maiſon canoniale, aux mêmes charges qu'il la tenoit par Bail dudit Chapitre pendant ſa vie canoniale. Autre pareil Acte
Capitulaire du 9. Septembre 1661. en faveur du nommé Laigre cy-devant
Chanoine en ladite Egliſe. Autre Acte Capitulaire du 25. May 1666. par lequel ledit le Clerc ancien Chanoine auroit eſté conſervé en la joüiſſance
du Bail des chambres qu'il occupoit ſa vie durant, à la charge de loger
le Clerc ſon reſignataire. Autre Acte Capitulaire du 8. Fevrier 1669. portant

que ledit Champion demeureroit fa vie durant en la maifon qui luy avoit efté
accordée à fa vie Canoniale. Autre Acte Capitulaire du 12. dudit mois de Fevrier audit an 1669. contenant femblable grace accordée audit Matuffiere.
Declaration de Maiftre Loüis Charpentier Chanoine en ladite Eglife S. Germain refignataire dudit Colombet du 7. Juillet 1671. qu'il confentoit que
ledit Colomb.t fon predeceffeur fût confervé dans la joüiffance du Bail de la
Maifon qu'il occupoit, & des Arcades de la Fontaine artificielle pendant fa
vie, & que pendant que le Bail dudit Colombet fubfifteroit, il ne pretendoit point d'autre maifon, à la charge neanmoins que ledit Charpentier auroit fon logement dans ladite maifon. Sommation du 26. Mars 1671. faite
à la Requefte de Maiftre Nicolas de la Foffe Agent l'un des Chapelains de ladite Eglife aux Chanoines d'icelle, de luy délivrer ou faire délivrer par Maiftre
Roger Greffier dudit Chapitre de Communauté les Actes d'oppofitions par luy
formées à la pretenduë declaration de vacance, les jours des deux derniers
Chapitres precedens, de la maifon occupée par ledit Colombet dépendante de
ladite Communauté, pour les caufes & raifons à déduire en temps & lieu,
& fur la requifition par luy faite, à ce que Maiftre Etienne Matuffiere &
Champion auffi Chanoines euffent à rapporter les Baux à vie de leurs maifons, pour icelles eftre adjugées au plus offrant & dernier enchériffeur en
la maniere ordinaire, fi mieux n'aimoient lefdits Chanoines confentir que la
maifon occupée par ledit Colombet luy fût auffi laiffée à fa vie, en ladite
qualité d'Ancien & de Jubilaire de cinquante-trois années, à condition
neanmoins que pareille grace fût faite à chacun defdits Chapelains en cas
pareil. Acte d'oppofition du 12. May 1671. formée par ledit Colombet, à
ce qu'il fût procedé par lefdits Chanoines à aucun nouveau bail de la Maifon
Canoniale qu'il occupoit, & des Arcades de ladite Fontaine artificielle. Arreft du Parlement du 2. Juin 1671. qui reçoit ledit Colombet appellant comme d'abus des Publications faites au Chapitre & Communauté de ladite
Eglife, pour proceder au nouveau bail de ladite Maifon & Arcades, & défenfes de paffer outre audit bail, & de faire pourfuites ailleurs qu'en la
Cour, fignifié le 9. dudit mois. Procès verbal de vifite & rapport fait par
Villedot Maiftre general des œuvres de Maçonnerie des Baftimens du Roy,
Ponts & Chauffées de France, & Simon de l'Efpine Juré du Roy efdi-
tes œuvres de Maçonnerie du 6. Aouft 1653. nommez d'Office par Arreft de
la Cour du 29. Juillet audit an, à la requefte defdits de Chapitre, & en
prefence dudit Colombet, contre Claude Barbier veuve de Louis Linclerc
Maiftre de la Pompe du Pont Neuf, des Voutes & Baftimens appartenants
aufdits du Chapitre fituez au Cloiftre dudit S. Germain. Autre Procès verbal
du 12. Mars 1652 de prifée & eftimation des plombs du Baffin, & Refervoir
fis au bout dudit Cloiftre, fait par Denis Hubert Couvreur & Plombier ordinaire des Baftimens du Roy, en prefence dudit Colombet. Quittance du
27. Aouft 1647. de la fomme de 400. livres payée par ledit Colombet, pour

ouvrages de Charpenterie faits en fa maifon fife audit Cloiftre. Autre Quittance du 27. dudit mois d'Aouft de la fomme de 600. livres auffi payée par ledit Colombet pour ouvrages de Maçonnerie faits en ladite maifon. Autre Quittance du 4. Septembre audit an 1647. de la fomme de 60. livres pour ouvrages de couverture faits en ladite maifon. Autre Quittance du 18. dudit mois de Septembre de la fomme de 57. liv. 15. fols pareillement payée par ledit Colombet pour autres ouvrages faits en ladite maifon. Copie collationnée d'un Memoire du 30 May 1654. d'ouvrages faits pour le fervice du Roy, pour la confervation des Voutes & Arcades qui fouftiennent le Refervoir d'eaux de la Pompe du Pont Neuf, fis dans ledit Cloiftre de S. Germain, par ledit Colombet moderez à 750. liv. Autre Quittance du 11. Juin 1654. de la fomme de 273. livres 6. fols payée par ledit Colombet pour ouvrages de Charpenterie & Maçonnerie faits audit Baffin & Refervoir. Autre Quittance du 12. dudit mois de Juin de la fomme de 476. liv. 15. fols auffi payée par ledit Colombet pour ouvrages de Couvertures & Plomberies faits audit Baffin & Refervoir. Autre Quittance du 24. Juin 1656 de la fomme de 40. liv. pareillement payée par ledit Colombet pour ouvrages de Serrurerie faits audit Baffin & Refervoir. Requefte dudit Colombet non fignifiée ni réponduë, à ce qu'il plût à Sa Majefté, attendu qu'il eft Chanoine Jubilaire, qu'il a fervi la Chanoinie de S. Germain pendant cinquante-trois ans actuellement, que le titre & la qualité de Chanoine, quoyque non Prebendé, luy demeure le refte de fes jours, luy conferver la joüiffance du bail à vie Canoniale, tant de la Maifon qu'il a euë au Cloiftre, que les Arcades qui font fous le Baffin de la Fontaine artificielle, pour raifon de quoy il avoit fait de très grandes dépenfes, ainfi qu'il paroiffoit par les Quittances des Ouvriers énoncées en ladite Requefte. Autre Requefte defdits Doyen, Chanoines, Chapitre & Communauté de ladite Eglife de S. Germain, à ce qu'il plût à Sa Majefté leur donner acte de ce que pour réponfe à celles dudit Colombet ils employoient le contenu en leurdite Requefte, & y faifant droit declarer ledit Colombet non recevable en l'appel comme d'abus qu'il a interjetté des ActesCapitulaires des 12.May & 10. Juin 1671. & autres, par lefquels lefdites Maifon & Arcades ont efté declarées vacantes, & arrefté qu'elles appartiendront à l'avenir aux quatre plus anciens Chanoines Capitulans pendant leur vie Canoniale, & que ladite Maifon feroit baillée & adjugée en la maniere accoûtumée, & en confequence ordonner que fans s'arrefter à l'Arreft du Parlement de Paris du 2. Juin 1671. lefdits Actes de déliberations Capitulaires, tant à l'égard defdites Arcades, qu'à l'égard de ladite Maifon, feroient executez felon leur forme & teneur, & qu'à cet effet ledit Colombet feroit tenu de vuider inceffamment lefdits lieux, les rendre libres & en bon état de toutes les reparations dont il peut eftre tenu par les baux qui luy ont efté faits par lefdits de Chapitre & Communauté, fuivant l'ufage d'iceluy, & au defir de la Coûtume, & pour la joüiffance & induë détention qu'il a fait defdits

dits lieux, qu'il feroit tenu auffi de payer & rapporter auxdits de Chapitre & Communauté les loyers d'iceux, fuivant & fur le pied de leur jufte valeur, fçavoir, à l'égard defdites Arcades fur le pied de 400. liv. par an, & à l'égard de ladite Maifon fur le pied de 800. liv. auffi de loyer par chacun an, finon au dire d'Experts & gens à ce connoiffans, dont les Parties conviendroient dans trois jours après la fignification de l'Arreft, finon après ledit tems paffé qu'il en feroit nommé d'office, à compter du 16. May 1671. que ledit Colombet avoit efté actuellement dépoffedé de fondit Canonicat & Prebende par ledit Charpentier jufqu'au jour que ledit Colombet auroit rendu lefdits lieux libres & en bon eftat, & condamner en outre ledit Colombet en tous les dépens, dommages & interefts defdits de Chapitre & en l'amende. Signification de ladite Requefte audit Colombet du 23. Février 1674. Autre Requefte dudit Colombet tendante à ce que fans avoir égard à la Requefte defdits Chanoines de S. Germain de l'Auxerrois remplie de mauvais moyens & vains fubterfuges, & de termes peu convenables à la bonne conduite & à l'honneur, fignifiée le 3 Février ..... les fins & conclufions par luy prifes en la prefente Inftance lui fuffent adjugées, & ce faifant, ordonné que lefdits Chanoines, Chapelains & Communauté, feroient tenus luy payer tous & chacuns les Droits & Diftributions düés à defunt Antoine Colombet fon frere, depuis le commencement de l'année 1658. qu'il eft entré en la Cure dudit S. Germain l'Auxerrois, jufques au 8. Janvier 1673. qu'il eft decedé, & ainfi qu'ils ont efté perçûs par lefdits Chanoines & Chapelains du revenu de ladite Communauté, aux offres par luy faites de déduire ce qui auroit efté payé par ladite Communauté des charges de ladite Cure à l'acquit dudit défunt. Signification de ladite Requefte du 26. Avril 1674. auxdits Chanoines & Chapitre de S. Germain. Signification dudit Arreft du Confeil du 10. Juillet 1671. à Maiftre Nicolas de la Foffe tant pour luy que pour fes Confreres du 14. defdits mois & an, & la Réponfe dudit de la Foffe qui auroit protefté de fe pourvoir contre ledit Arreft, attendu qu'il a efté obtenu par furprife defdits Doyen, Chanoines & Chapitre, d'autant que leurs differends ont efté renvoyez par fept Arrefts du Parlement au Parquet pardevant les Gens du Roy pour en paffer par leurs Avis, & par Arreft du Confeil du 17. Aouft 1668. contradictoire au Raport du fieur Courtin, & que les Gens du Roy ont procedé à l'examen de leurs Productions. Acte Capitulaire dudit S. Germain l'Auxerrois du 8. May 1671. fur la demande faite par ledit Crochet des trois Arcades vacantes par la démiffion dudit Colombet pour cent cinquante livres, portant que lefdites Arcades feroient à l'avenir occupées par les quatre plus anciens Chanoines Capitulans & feroient fixées à quarante livres par chacun an, fauf audit Crochet comme plus ancien Chanoine de choifir celle des trois qui font prefentement vacantes, en abandonnant celle qu'il occupe. Autre Requefte defdits Doyen, Chanoines & Chapitre de Saint Germain, à ce que fans avoir égard à celle dudit fieur

I

Colombet du 26. Avril dernier & autres Procedures, leurs conclusions prises en l'Instance par leurs Requestes cy-devant presentées leur soient adjugées, & declarer ledit Colombet non-recevable en ses demandes & en son appel comme d'abus des Actes Capitulaires des 12. May & 10. Juin 1671. & autres jours, avec dépens, dommages & interests ; & à l'égard de sa demande par Requeste du 26. Avril 1674. pour raison des droits & distributions qu'il pretend estre dûs à la succession dudit Antoine Colombet son frere, depuis le commencement de l'année 1658. jusques au 8. Janvier 1673. les Parties soient renvoyées pardevant les Juges ordinaires, pardevant lesquels ledit Colombet se pourvoira ainsi qu'il avisera bon estre à l'encontre de qui il appartiendra, défenses au contraire desdits Chapitre & Communauté, & que cependant il sera passé outre au Jugement de l'Instance entre les Parties en l'estat qu'elle est. Signification de ladite Requeste du 2. Juin 1674. audit Colombet. Copie collationnée de Lettres Patentes de Sa Majesté du mois de Mars 1666. portant confirmation de tous les Privileges accordez par les Bulles & Lettres Patentes aux Sous-Maîtres, Chapelains, Chantres-Clercs, Enfans de la Chapelle, Oratoire & Chambre, Beneficiers & Officiers de la Sainte Chapelle de Paris & autres employez dans les Etats de Sa Majesté, & qu'ils soient tenus & reputez presens en toutes les Eglises du Royaume pour tous les Benefices, Offices & Dignitez qu'ils y auront pendant tout le temps de leur service, & sans que l'on puisse changer ou innover la forme des payemens & distributions en icelles, dérogeans même à toutes Déliberations, Resolutions d'Assemblées, Ordonnances Capitulaires & Arrests à ce contraires, nommément à celuy du Parlement de Paris du 7. Septembre 1663. & qu'il seroit procedé contre les contrevenans par saisie de leur temporel ; ensuite est l'Arrest d'enregistrement desdites Lettres Patentes au Grand Conseil du 18. dudit mois de Mars. Provision de la Charge de Fourier de la Chapelle & Musique de la Maison du Roy du 10. Juillet 1670. à Maître Nicolas de la Fosse par la démission de Maître Pierre Camuset, ensuite est la prestation de serment de ladite Charge du 3. Aoust audit an par ledit de la Fosse. Arrest de la Cour des Aydes du 9. dudit mois d'Aoust 1670. portant que ledit Nicolas de la Fosse sera couché au lieu dudit Camuset dans l'état des Officiers de la Maison du Roy en la susdite qualité. Extrait de l'état des Officiers de la Chapelle de Musique du Roy dudit jour 9. Aoust 1670. dans lequel ledit de la Fosse est couché en qualité de Fourier. Signification des susdites Pieces du 10. Aoust audit an 1670. auxdits Doyen, Chanoines & Chapitre de Saint Germain, avec sommation de faire jouir ledit de la Fosse des émolumens de ladite Chapelle audit S. Germain, comme s'il y estoit actuellement present, conformément aux Arrests & Declarations de Sa Majesté. Un Certificat du sieur Archevesque de Reims Maître de la Chapelle du Roy, & trois du sieur Abbé de Silly Maître de ladite Musique des 10. Janv. & 10. Septembre 1671. 15. Octobre 1672. & 19. Decembre 1673. comme ledit de la Fosse y a

fervi en la fufdite qualité. Arreft du Confeil du 26. Juillet 1673. fur les Requeftes dudit Nicolas de la Fofle & dudit Chapitre de S. Germain , par lequel
lefd. Requeftes ont efté jointes à l'Inftance pendante en iceluy , & cependant
par provifion & fans prejudice du droit des Parties au principal , ordonné que
ledit de la Fofle comme Officier de ladite Chapelle du Roy feroit employé fur
les Tables comme plein gaignant pendant le temps de fon fervice , & le Receveur du Chapitre tenu de luy payer ce qui luy peut eftre dû à compter du
19. Aouft 1670. Requefte defdits Doyen , Chanoines & Chapitre dudit S.
Germain , fignifiée le 22. May 1674. à ce qu'Aéte leur foit donné de ce que
pour réponfes & défenfes ils employent le contenu en icelle , & les Pieces y
énoncées produites en l'Inftance principale & celles jointes à laditeRequefte,
& en conféquence debouter ledit de la Fofle de fa demande , & le condamner
aux dépens. Requefte dudit de la Fofle fignifiée le 9. Juin audit an auxdits
Chanoines & Chapitre , à ce qu'Aéte luy foit donné de ce que pour répliques
aux Moyens alleguez par ledit Chapitre par leur Requefte du 23. May lors
dernier , il employe le contenu & les Pieces juftificatives d'icelles , & attendu
qu'il fert aétuellement , qu'il eft compté fur les Etats , que fon privilege a efté
adjugé à Pierre Germain Preftre fon predeceffeur par les Arrefts contradiétoi-
res du 10. Juillet 1649. 20. Dec. 1651. 15. Sept. 1652. 6. Sept. 1659. avec
dépens & amende contre le Chapitre d'Agdes , que la Chapelle en lad. Eglife
de S. Germain eft un Benefice libre par fondation & Arrefts , que Pierre Mefnager Chantre de ladite Chapelle du Roy l'un des Chapelains de ladite Eglife
de Saint Germain a joui de ce privilege , même avec preference à deux Chanoines d'icelle auffi Officiers de Sa Majefté & fes Contendans , par Sentence
contradiétoire des Requeftes de l'Hôtel du 29. Novembre 1638.confirmé par
Arreft du 8. Mars enfuivant, & que c'eft une chofe jugée tant au fujet de ladite
Charge que dudit Benefice , que les fins & conclufions par luy prifes en l'Inftance luy foient adjugées avec dépens , dommages & interefts. Aéte Capitulaire dudit S. Germain , par lequel fur les pretentions reciproques de Maître
Pierre Mefnager Chapelain comme plus ancien Beneficier & Serviteur du Roy
pour eftre preferé audit Crochet Chanoine , ledit Chapitre auroit ordonné,
que les Parties fe pourvoiroient comme elles verroient bon eftre du 13. Juillet
1638. Sentence des Requeftes de l'Hôtel du 29. Novembre 1638. entre ledit
Mefnager , ledit Chapitre , & ledit Maiftre Jean Crochet Chanoine & Chapelain de la Chapelle du Roy , par laquelle auroit efté ordonné que ledit
Mefnager tant qu'il feroit Chantre de la Chapelle du Roy , gagneroit franc
tant pour le paffé que pour l'avenir , fauf audit Crochet à fe pourvoir ainfi
qu'il aviferoit contre le nommé Matuffiere Officier de Monfieur auffi Chanoine en ladite Eglife. Arreft du Parlement de Paris du 8. Mars 1639. par
lequel l'appel de la fufdite Sentence interjetté par ledit Crochet & Chapitre
auroit efté mis au neant. Autre Aéte dudit Chapitre Saint Germain du premier Février 1656. par lequel il declare n'entendre contrevenir au privilege

dudit Matuffiere, confentant qu'il en jouïffe ainfi qu'il a cy-devant fait. Démiffion faite par Pierre Germain Chanoine dudit S. Germain Fourier de la
Chapelle & Mufique du Roy du 28. Juin 1661. de ladite Charge en faveur dud.
Camufet. Autre démiffion du 19. Avril 1670. par ledit Pierre Camufet de
ladite Charge de Fourier en faveur dudit Nicolas de la Foffe. Arreft du Parlement du 13. Septembre 1652. par lequel Pierre Germain Prêtre Chanoine
en l'Eglife d'Agdes Fourier de ladite Chapelle du Roy eft reputé comme
prefent en ladite Chanoinie tant & fi longuement qu'il en fera titulaire, &
maintenu en fes autres privileges avec reftitution de fruits, & le Chapitre
condamné aux dépens. Autre Arreft dudit Parlement du 6. Septembre 1659.
fur la Requefte civile dudit Chapitre d'Agdes contre le fufdit Arreft du 13.
Septembre 1652. par lequel les Parties font mifes hors de Cour, & neanmoins ordonné que ledit Arreft ne pourroit eftre executé à l'avenir pour le
tiers de vingt feptiers de bled, & le tiers de l'argent qui fe gagne en affiftant
toute l'année à certain jour à deux grandes & petites Heures en ladite Eglife
d'Agdes, & des diftributions manuelles qui fe font en argent pendant le
Service Divin, & ledit Chapitre d'Agdes condamné en l'amende de 12. liv.
Deux *Pareatis* du grand Sceau du mois de Septembre 1659. obtenus par ledit
Pierre Germain pour l'execution des fufdits deux Arrefts. Quittance du payement de ladite amende de 12. livres du 16. dudit mois de Septembre payées
par ledit Germain pour ledit Chapitre d'Agdes. Copie d'Arreft du Confeil
du 13. Septembre 1667. par lequel François Vatelet Preftre Chanoine de
Saint Quentin & Precepteur des Pages de la petite Ecurie, eft maintenu en
l'exemption dont jouïffent les Officiers de la Chapelle du Roy & compris
au nombre des Privilegiez de ladite Eglife. Arreft du Parlement de Paris
du 29. Mars 1536. rendu entre Maiftre Jean le Cuin Chapelain ordinaire
de la Chapelle du Roy & pourvû d'une Chapelle dans l'Eglife d'Amiens, par
lequel ledit Chapitre auroit efté maintenu en la poffeffion de conferer lefdites
Chapelles à d'autres Chapelains capables, après quatre mois d'abfence,
& monitions prealablement à eux faites. Arreft du Parlement de Rouen
du 3. Decembre 1667. par lequel fans s'arrefter au privilege de Maiftre
François Langer Chantre ordinaire de la Mufique du Roy & pourvû de la
Chapelle S. Eutrope fondée en l'Eglife d'Evreux, auroit efté ordonné, que
ledit Langer feroit fa declaration s'il entendoit d'y refider dans quinzaine,
faute dequoy il auroit efté declaré deftitué, & le nommé Boiffel pourvû en
fon lieu maintenu, & faute de refidence dudit Langer, permis audit Chapitre d'y pourvoir conformément aux Bulles, Indults des Papes, Lettres Patentes, Arrefts de verification & Statuts dudit Chapitre. Autre Requefte dudit
Maiftre Nicolas de la Foffe tendante à ce qu'il foit nommé un Expert pour
eftre inceffamment fait defcente en la Maifon qu'il loüe dudit Chapitre, dont
il fera dreffé Procès-verbal aux dépens de qui il appartiendra, pour iceluy
rapporté eftre ordonné ce que de raifon; au bas eft l'Ordonnance du Con-

feil du 13. Septembre 1674. portant que lad. Requeste seroit communiquée
auxdits Doyen & Chanoines , pour eux ouïs ou leurs Réponses vuës , estre
ordonné ce que de raison. Signification de ladite Requîtee du 20. desdits
mois & an.   Sommation faite auxdits Doyen & Chanoines du 19. desdits
mois & an de faire faire incessamment les réparations de ladite Maison , &
d'y mettre dans le jour Ouvriers suffisans pour les parachever , & éviter le
peril éminent dans lequel ladite Maison se trouve reduite , offrant de le verifier par la visite qui pourroit en estre faite par Experts , dont il est prest de
convenir , protestant en cas de refus de se pourvoir. Autre Sommation faite
auxdits Chanoines de défendre , & répondre à la Requeste dudit de la Fosse
du 13. Septembre 1674. protestant faute d'y avoir répondu , & pour éviter
plus grand déperissement de ladite Maison qu'il y fera incessamment faire de
ses deniers les reparations les plus urgentes & necessaires , & remettre les
lieux en estat d'estre occupez , & de recouvrer contre qui il appartiendra ce
qui sera par luy payé & avancé , avec tous dépens , dommages & interests.
Lettres de relief d'appel comme d'abus du 30. Janvier 1664. obtenuës par
Maître Emanuel Tirement , & Jean watelet des unions des Chapelles Saint
Eutrope & S. Jacques à la Manse Capitulaire dudit S. Germain , pour estre
les revenus d'icelles employez à la nourriture & entretien de six Enfans de
Chœur , un Maître en ladite Eglise & un Serviteur, Signification desdites
Lettres du premier Février ensuivant , & Assignation donnée auxdits Doyen ,
Chanoines & Chapitre au Parlement de Paris pour proceder sur ledit appel.
Requeste presentée au Grand Conseil par lesdits Doyen , Chanoines &
Chapitre , à ce qu'il leur fût permis de faire assigner ledit Tirement & wa-
telet pour proceder sur la Complainte dudit Chapitre contre les Provisions
obtenuës par lesdits Tirement & watelet , & voir ordonner que ledit Chapitre seroit maintenu en la possession & jouïssance desdites deux Chapelles ,
& l'Arrest du 19. Septembre 1616. declaré commun avec lesdits Tirement
& Watelet. L'Ordonnance estant au bas de ladite Requeste portant , soient
Parties assignées du 5. Février 1664. signifié le 7. desdits mois & an. Arrest
du Parlement de Paris du 9. dudit mois de Février audit an , portant que sur
ledit appel comme d'abus , les Parties procederoient en iceluy , avec défenses de faire poursuite ailleurs , & lesdits Tirement & watelet déchargez de
l'Assignation à eux donnée audit Grand Conseil , signifié le 11. dudit mois de
Février. Lettres de Reglement de Juges obtenuës par lesdits du Chapitre du
14. Fév. 1664. signifiées auxdits Tirement & watelet le 17. desdits mois &
an. Extrait des Registres des conclusions Capitulaires de ladite Eglise Saint
Germain du 22. Février 1650. Arrest dudit Grand Conseil du 19. Septembre 1616. entre Maître Michel Boutault , soy disant pourvû de ladite Chapelle S. Eutrope , & les Doyen , Chanoines & Chapitre de ladite Eglise , &
Maître Guy Milon se pretendant aussi pourvû de ladite Chapelle , par
lequel lesdits Boutault & Milon auroient esté declarez non-recevables en

I iij

leur appel comme d'abus , & condamnez chacun en foixante-quinze liv. d'a-
mende, & fans avoir égard à la Complainte de Boutault & à l'oppofition dudit
Milon , lefdits Doyen , Chanoines & Chapitre maintenus en la jouïffance de
ladite Chapelle unie à la Manfe dudit Chapitre pour la nourriture defdits
Enfans de Chœur , & lefdits Boutault & Milon condamnez aux dépens. Ordonnance en Latin de Henry de Gondy Evêque de Paris du 18. Février 1603.
par laquelle à la requefte defdits Doyen , Chanoines & Chapitre , il auroit
uni à la Manfe dudit Chapitre la première Chapelle qui vacqueroit en ladite Eglife, pour aider à la nourriture & entretien des Enfans de Chœur.
Copie de Lettres Patentes du mois de Mars 1603. obtenuës par lefdits Chanoines , portant confirmation de ladite union. Enregiftrement defdites Lettres au Parlement de Paris le 25. Septembre 1603. Autre Ordonnance du
fieur Evêque de Paris du 15. Janvier 1616. de fuppreffion de ladite Chapelle
S. Eutrope. Arreft dudit Parlement de Paris du 21. Janvier 1616. fur la Requefte defdits Doyen , Chanoines & Chapitre , portant qu'ils fe feroient mis
en poffeffion de ladite Chapelle S. Eutrope pour demeurer unie à leur Manfe ,
& eftre le revenu employé à la nourriture & entretenement defdits Enfans
de Chœur.   Procès-verbal de Prife de poffeffion de ladite Chapelle par lefdits
Chanoines du 23. Janvier audit an.   Requefte prefentée au Grand Confeil
par ledit Boutault pourvû de ladite Chapelle Saint Eutrope , à ce qu'il fût
ordonné , que lefdits Doyen , Chanoines & Chapitre & ledit Guy Milon
qui fe difoit auffi pourvû de ladite Chapelle , feroient affignez pour dire
les caufes du refus qu'ils faifoient de le recevoir , & pour proceder fur la
Complainte dudit poffeffoire.   Au bas eft l'Ordonnance que les Parties feroient affignées du 7. May 1616. Affignation donnée en confequence auxd.
Chanoines lefdits jour & an. Requefte prefentée audit Grand Confeil par lefd.
Chanoines à fin de reception des Pièces y mentionnées.   L'Ordonnance
eftant au bas d'icelle portant , les Pièces reçuës, du 2. Septembre audit an
1616. Imprimé de la Declaration du Roy du mois de Septembre 1552. portant attribution au Grand Confeil de tous les Procès concernant les Archevê-
chez , Evêchez , Abbayes , & autres Benefices , foit à la nomination du Pape
ou autrement , dont la Provifion , Collation & Prefentation appartient à Sa
Majefté par droit de Regale , enfemble des Maladreries & Hôpitaux & les
Procès mûs & à mouvoir pour raifon des contrarietez & nullitez qui pourroient eftre faites ès Cours Souveraines. Procès-verbal du 22. Février 1650.
fait par Notaire Apoftolique fur la deliberation de la Communauté de ladite
Eglife de S. Germain l'Auxerrois , où prefidoit Maître Charles Colombet
Chantre & ancien Chanoine & autres pour le mauvais ufage qui fe pra-
tiquoit en la recette & adminiftration des Biens des Enfans de Chœur , &
le Doyen eftant entré audit Chapitre prié par ledit Colombet & autres de
continuer & prendre les voix pour y deliberer , & fur le refus & oppofitions dudit Doyen , les affiftans fe feroient retirez. Requefte prefentée au

Confeil par lefdits Tirement & Watelet portant que le fieur Rapporteur de l'Inftance en communiqueroit avec les fieurs d'Etempes, de la Folle & Boucherat Confeillers Ordinaires ès Confeils. Arreft du Parlement de Paris du 20. Mars 1576. fur la Requefte defdits Chapelains, portant que quelques-uns defdits Chanoines refufant de répondre fur faits & articles, fubiroient l'Interrogatoire. Autre Arreft dudit Parlement du 17. Octobre 1583. rendu entre lefdits Chanoines appellans d'une Sentence du Prevoft de Paris pretendu Juge incompetant, d'une part, & lefdits Chapelains d'autre, par lequel fans prejudice du renvoy requis par lefdits Chanoines, prétendant que la conteftation eftoit pour raifon de Meffes, devoit eftre renvoyée devant l'Official, les Parties auroient efté appointées. Requefte prefentée audit Confeil par lefdits Chapelains, à ce qu'en réiterant les offres plufieurs fois verbalement faites auxdits Chanoines, Acte leur foit donné de ce qu'ils entendoient offrir en tant que befoin feroit, qu'en confentant par lefdits Chanoines le rétabliffement defdites Chapelles, & en cas qu'il fût jugé en la décifion de l'Inftance pour l'entretien des Officiers de leur Chœur, que lefdits Officiers feroient payez de la Manfe commune, que fur icelle fût pris auffi la fomme neceffaire pour l'entretien des Enfans de Chœur, de leur Maître & Serviteur, à la charge auffi de rapporter à la Manfe de ladite Communauté les legs & fondations faites pour l'entretien defdits Enfans de Chœur. Au bas eft l'Ordonnance du Confeil du 11. Septembre 1664. ait Acte, & au furplus en jugeant, fignifiée le 13. defdits mois & an. Extrait d'un Compulfoire des Archives de l'Archevêché de Paris d'un Livre, où font plufieurs Titres, Collations, Provifions, Lettres d'Union, & autres Actes decernez par Louis Evêque de Paris en l'année 1476. dans lequel Extrait eft fait mention de l'Union faite de ladite Chapelle S. Jacques à la Manfe dudit Chapitre, pour la nourriture & entretien de quatre Enfans de Chœur, d'un Maître & autres conditions. Neuf Tables ou Cedules des diftributions faites en ladite Eglife ès années 1537. 1554. 1567. 1571. 1574. 1575. 1577. 1596. & 1598. aux Chanoines, Chapelains, Vicaires, Chevecier, & autres Ecclefiaftiques admis au Chœur pour les affiftances par eux faites au Service Divin, lefdites Tables fignées defdits Chanoines, Chapelains, Vicaires & autres, dans lefquelles lefdits Enfans de Chœur font employez pour une Chapelle. Autres Tables defdites Diftributions faites ès années 1621. 1629. 1631. 1635. 1643. 1651. & 1658. fignées defdits Chanoines, Chapelains, Vicaires & autres, dans lefquelles lefd. Enfans de Chœur font employez pour deux Chapelles. Arreft du Confeil du 2. Janvier 1665. par lequel fur la demande en caffation de l'Arreft du Grand Confeil du 2. Septembre 1624. auroit efté ordonné, que les Parties feroient fommairement ouïes. Reglement fur ladite Requefte du 12. defdits mois & an. Affignation donnée à la requefte dudit Milon aux Requeftes du Palais à Charles locataire d'une Maifon dépendante de ladite Chapelle Saint Eutrope, pour fe voir condamner à luy en

payer les loyers comme Chapelain d'icelle du 9. Avril 1616. Requeſte preſentée par leſdits Chanoines audit Parlement , à ce que tant leſdits Belin que Milon ſeroient aſſignez pour faire défenſes audit Milon de troubler ledit Chapitre en la poſſeſſion & réunion de ladite Chapelle , & de s'en dire Chapelain , & audit Belin de payer à autre qu'audit Chapitre. L'Ordonnance eſtant au bas de ladite Requeſte portant , ſoient Parties appellées , du 20. dudit mois d'Avril. Aſſignations données en conſequence du 22. deſdits mois & an. Requeſte preſentée au Grand Conſeil par ledit Boutault , à ce qu'il luy fuſt permis d'y faire aſſigner leſdits Chapelains , pour declarer s'ils avoient eſté appellez à l'Union de ladite Chapelle S. Eutrope , & s'ils entendoient qu'elle eût lieu, au bas eſt l'Ordonnance, en plaidant , du 18. Juillet 1616. ſignifiée leſdits jour & an. Autre Arreſt du Grand Conſeil du   entre Eſtienne Chalopin , Chriſtophle Carbonnier , & Jean Goudard Chapelains de ladite Egliſe de S. Germain , Demandeurs en Requeſte à fin d'intervention d'une part , ledit Chapitre & leſdits Boutault & Milon , d'autre , & encore leſdits Carbonnier & Goudard Demandeurs en Requeſte verballe , à ce qu'Acte leur fût donné de ce qu'ils declaroient n'entendre empêcher ladite Union de ladite Chapelle S. Eutrope. Arreſt par lequel auroit eſté ordonné , que ſans avoir égard à ladite Requeſte d'intervention , il ſeroit paſſé outre au Jugement du Procès , ſans que l'Arreſt qui interviendroit , pût préjudicier audit Chalopin. Autre Arreſt du Grand Conſeil du 17. Septembre 1616. ſur la Requeſte de Fleury Gratien Chapelain dudit Grand Conſeil ayant ſes appointemens à prendre ſur les amendes adjugées en iceluy, à ce qu'il en fût payé ſur l'amende de 75. livres, à laquelle ledit Milon avoit eſté condamné par le ſuſdit Arreſt du 19. Septembre 1616. ce qui auroit eſté ordonné par ledit Grand Conſeil. Autre Arreſt dudit Grand Conſeil du 20. dudit mois de Septembre audit an ſur les Requeſtes deſdits Gratien & Milon portant main-levée des Meubles ſaiſis ſur ledit Milon à la requeſte dudit Gratien en payant leſdits 75. livres. Autre Arreſt dudit Grand Conſeil du 23. Septembre 1616. ſur la remontrance de l'Avocat General , à ce que pour l'abſence du Procureur General , il plût au Grand Conſeil commettre un des Avocats en iceluy, pour donner ſes concluſions ſur la caſſation demandée dudit Arreſt du 19. Septembre 1616. Pour quoy faire Maître Raoul Boutras Avocat auroit eſté commis. Autre Arreſt dudit Grand Conſeil pour raiſon d'une Prebende en ladite Egliſe de Saint Germain l'Auxerrois , par lequel ſans concluſions du Procureur General , Maître Robert Langlois auroit eſté maintenu en la poſſeſſion de ladite Prebende. Proviſions expediées en Cour de Rome en faveur dudit de la Barde de ladite Chapelle Sainte Catherine ſur la reſignation de Maître Denis Tabart du . . . . . Juin 1603. Cahier contenant pluſieurs Extraits des Comptes de la Recette & Dépenſe deſdits Enfans de Chœur des années 1577. 1578. 1579. & 1580. juſques en l'année 1611. le revenu ne montant ordinairement qu'à deux ou trois cens livres , & la dépenſe

penſe excedant la moitié payée par le Chapitre pour ſubvenir à leur nourriture. Copie de Requeſte preſentée auſdits Doyen, Chanoines & Chapitre par leſdits Chapelains, à ce qu'attendu qu'il n'y avoit aucun moyen de
recouvrer deniers du revenu de leurs Chapelles & Communauté, il pluſt au
Chapitre permettre qu'il fût tiré du treſor de ladite Egliſe quelques argenteries deſquelles on pourroit tirer deniers pour ſubvenir à la neceſſité deſdits
Chapelains, & leſdites argenteries venduës, en eſtre les deniers en provenant
diſtribuez. L'Ordonnance du Chapitre du 12. Juin 1592. portant que leſdites
argenteries feroient viſitées pour icelles veuës eſtre venduës, & les deniers
en provenant baillez auſdits Chapelains, pour eſtre diſtribuez aux preſens
ſelon l'aſſiſtance qu'ils auroient faite, à la charge que leſdits Chapelains s'o-
bligeroient de rendre icelle ſomme des premiers deniers qui proviendroient
de ladite Communauté, & les deniers employez en meſme nature deſdites
argenteries. La reconnoiſſance deſdits Chapelains du 13. dudit mois de Juin
que ledit Chapitre leur a baillé cent quatre-vingt quatre écus & demy provenant de la vente deſdites argenteries, leſquels ils promettent rendre.
Acte Capitulaire du 29. Janvier 1616. par lequel auroit eſté ordonné que Maître Fuſcien Feüillet Chapelain & diſtributeur de ladite Communauté tiendroit la recepte de ladite Chapelle Saint Eutrope, & le revenu converti
à la nourriture deſdits Enfans de Chœur. Autre Acte Capitulaire du 5. Fevrier audit an 1616. par lequel ledit Chapitre auroit ordonné à Maiſtre
Denis Mabile Receveur de payer par chacun mois au Maîſtre des Enfans de
Chœur dix livres d'augmentation à cauſe de la réunion de ladite Chapelle
S. Eutrope affectée à leur nourriture. Copie de compte rendu audit Chapitre par Maiſtre Jean Dupuis Chapelain Procureur & Receveur dudit Chapitre & la recepte par luy faite du revenu des Enfans de Chœur de l'année
1624. dans lequel eſt employé le revenu deſdites deux Chapelles S. Jacques
& S. Eutrope tant en loyers de Maiſons, rentes, diſtributions qu'autres revenus, lequel monte en tout pour ladite année à quinze cens quarante ſix
livres douze ſols ſix deniers, & la dépenſe dix-ſept cens cinquante huit livres un ſol quatre deniers. Autre copie de Compte rendu par ledit Dupuis
pour l'année 1629. duquel la recepte monte à douze cens quatre-vingt ſix
livres, & la dépenſe excede de ſeize cens ſoixante-huit livres douze ſols.
Treize Actes de Collations & Proviſions de pluſieurs Chapelles accordées
par leſdits Doyen, Chanoines & Chapitre, & receptions par eux faites des
Chapelains pourveus d'icelles des 21. Mars 1419. 23. Novembre 1509. 26.
Fevrier 1521. 27. Aouſt & 1. Septembre 1545. 26. Juillet 1547. 3. Novembre 1532. 7. Novembre & 6. Decembre 1633. 18. Avril, & 21. Novembre
1659. 5. Avril 1661. & 1. Fevrier 1664. 25. Actes des Chapitres generaux ou
Synodes tenus par leſdits Doyen & Chanoines dudit S. Germain auſquels les
Chapelains & Vicaires ont eſté appellez les uns après les autres, & ont receu
les remontrances, qui leur ont eſté faites des années 1543. 1548. 1554. 1555.

K

1569.1571.1573.1584. & autres jusques & compris 1654. Dix-sept Actes dudit Chapitre contre quelques Chapelains & Vicaires portant privation des distributions & autres peines pour les fautes par eux commises soit au Chœur, ou aux fonctions ausquelles ils sont obligez, des années 1412. 1418. 1470. 1471. 1472. 1553. 1554. 1573. 1576. 1595. 1596. 1598. 1645. & 1646. 19. Permissions octroyées par lesdits Chanoines & Chapitre aux Chapelains de ladite Eglise de S. Germain de s'absenter pour quelque temps du service tant à cause de maladies, infirmitez ou affaires, des années 1401. 1413. & autres années jusqu'en 1662. Copie d'un Acte Capitulaire dudit S. Germain de l'Auxerrois du 7. Octobre 1404. par lequel il paroist que ledit Chapitre voulant proceder à l'election d'un Procureur de ladite Communauté conformément à la Sentence des Requestes du Palais du 9. Juillet 1399. les Chapelains qui ont esté trouvez dans l'Eglise ont esté mandez pour venir au Chapitre, & demandé leur Avis touchant ladite Nomination, & s'estant retirez ledit Chapitre sans s'arrêter à leur Avis auroit nommé un Receveur, & après ladite election lesdits Chapelains, *de præcepto dictorum dominorum Capitulantium*, estant retournez audit Chapitre ladite election leur auroit esté notifiée, & ledit Receveur presté le serment en presence desdits Chapelains. Copie de Bail fait par lesdits Chanoines & Chapitre Capitulairement assemblez du consentement d'aucuns Chapelains de ladite Communauté à ce appellez, des lieux y nommez à Maistre Pierre Proust du 1. Mars 1654. Autre Bail fait par lesdits Chanoines en leur Chapitre traitant des affaires d'iceluy du 10. Novembre 1673. après avoir mandé, & receu l'avis des Chapelains de la Communauté de ladite Eglise S. Germain de l'Auxerrois. Acte Capitulaire du 29. Decembre 1575. par lequel lesdits Chanoines & Chapitre Capitulairement assemblez & traittans de leurs affaires auroient nommé François Thierry Chapelain pour Receveur de ladite Communauté, après avoir mandé audit Chapitre & receu l'avis des Chapelains de ladite Communauté. Six autres Baux faits par lesdits Chanoines après avoir receu l'avis desdits Chapelains mandez à cet effet des lieux y mentionnez aux Particuliers y nommez des 20. Mars 1577. 16. Avril 1619. 9. May 1628. 24. Avril 1656. & 11. Janvier 1661. Copie imprimée de Lettres Patentes du mois de May 1638. de confirmation & ratification des Statuts & Actes Capitulaires du Chapitre de S. Genest de l'union & suppression de..... Prebendes dudit Chapitre & des Sentences du sieur Evêque de Clermont en consequence pour estre employé à la nourriture des Enfans de Chœur & d'un Maistre, sortiroient leur plein & entier effet. Ensuite est l'Arrest d'enregistrement desdites Lettres au Parlement de Paris du 20. Decembre audit an 1638. Autre Arrest dudit Parlement rendu par appointé entre les Abbé & Chanoines de ladite Eglise S. Genest, Antoine Genais Chanoine, Jean Megemont appellant de la Sentence renduë par le Senefchal d'Auvergne d'une part, & Maistre Lisier Videlle pourveu de la Chantrerie & d'une Prebende de ladite Eglise intimé, & Maistre Claude

le Riche auffi pourveu de ladite Chantrerie & Prebende, & ledit Megemont appellant comme d'abus des Sentences de l'Evèque de Clermont portant fuppreffion d'un nombre de Prebendes, & union d'icelles à la Manfe
Capitulaire de ladite Eglife, & demandeur en Requefte Civile contre l'Arreft du Parlement de verification defdites Lettres Patentes pour la confirmation defdites fuppreffion & union du 3 0 Aouft 1 6 4 1. par lequel Arreft
l'appellation auroit efté mife au neant, ledit Genais maintenu en la joüiffance
de ladite Chantrerie, & ledit Videlle maintenu en la poffeffion de ladite
Prebende, & ordonné qu'à l'avenir lefdites Letrres Patentes, & Arreft d'enregiftrement feroient executez, ce faifant que les autres Prebendes, qui
ont vaqué & vaqueront cy-après, demeureroient unies jufqu'au nombre
porté par lefdites Lettres Patentes, & fur les appellations comme d'abus,
& Requeftes Civiles lefdites Parties hors de Cour. Copie d'autre Arreft dudit
Parlement du 1 6. Juin 1 6.. 3. Par lequel fur les appellations comme d'a-
bus des Sentences dudit fieur Evèque de Clermont, & provifions de Prebendes & Canonicats du Chapitre de ladite Eglife Saint Geneft, les Parties auroient efté mifes hors de Cour, & ordonné que les fuppreffions des années
1 6 3 2. & 1 6 3 4. feroient executées. Arreft du Confeil du premier Oftobre
1 6 6 4. par lequel Sa Majefté auroit retenu la connoiffance du differend au
principal d'entre lefdits Doyen, Chanoines & Chapitre, lefdits Tirement
& wateiet & Chapelains pour raifon defdites deux Chapelles, & ordonné
qu'elles ajoûteroient à leurs produftions, écriroient & produiroient dans
huitaine. Lettres d'union de ladite Chapelle S. Jacques à la Manfe Capitulaire
dudit S. Germain par Louis Evèque de Paris du 2 5. Aouft 1 4 7 6. & l'Afte de
publication d'icelles & prife de poffeffion de ladite Chapelle par le Chantre
de ladite Eglife au nom dudit Chapitre, du Maître, & Fnfans de Chœur, &
comme Procureur dudit Chapitre en prefence des Chanoines, Chapelains
& Vicaires de ladite Eglife du 9. Septembre audit an. Requefte defdits
Chanoines à fin de reception des fufdites deux Pieces, au bas de laquelle
eft l'Ordonnance foit la Requefte & Pieces communiquées du 2 5. Juin 1 6 7 4.
fignifiée le 9 Juillet enfuivant. Copie collationnée des Provifions obtenuës
en Cour de Rome par ledit wateleit de ladite Chapelle faint Jacques
per obitum, du...... 1 6 6 3. infinuées au Greffe des Infinuations Ecclefiaftiques le 2 0. Janvier 1 6 6 5. Copie des provifions obtenuës en Cour de
Rome par ledit Tirement par refignation de ladite Chapelle S. Eutrope,
enfuite eft l'Afte d'infinuation du 2 0. Janvier 1 6 6 5. Aftes de prifes de poffeffion defdites Chapelles par lefdits wateleit & Tirement le 2 4. Janvier
1 6 6 4. Copie de quittance du Serviteur de l'Œuvre de ladite Fglife du 6.
Juillet 1 6 2 1. de la fomme de 2 0. fols pour avoir houffé le Chœur de ladite
Eglife. Extrait du Compte de Communauté rendu par ledit Maître Jean Dupuis Chapelain, du revenu d'icelle pour l'année 1 6 3 2. arrêté par les Chanoines & Chapelains de ladite Communauté à ce commis le 9. Septembre 1 6 3 3.

Extrait de la déliberation du Chapitre ordinaire de ladite Eglife du Mardy
6. Septembre 1633. portant que leDoyen d'icelle feroit averti & prié d'affifter
à l'Eglife. Autre Exrait de deliberation dudit Chapitre du 20. Aouft 1634.
portant qu'il feroit payé à Maître Pierre Mefnager cinquante livres pour
continuer fon baftiment. Autre Extrait du Chapitre ordinaire de ladite
Eglife S. Germain tenu le Mardy 28. Septembre 1638. par lequel auroit efté
arrefté que Maître Jacques Chaume ne payeroit que quatre écus pour fa
chambre. Dix autres Extraits des deliberations dudit Chapitre tenu le Mardy
pour plufieurs affaires concernant le Chapitre & Communauté des 12 Cétobre & 7. Decembre 1638. 13. Aouft, & 4. Octobre 1639 10. Janvier, 4 Juin,
24. Juillet & 4. Decembre 1640. Autre Extrait de deliberation dudit Chapitre tenu le Mardy 11. Decembre 1640. par lequel auroit efté arrefté fur ce
que lefdits Chapelains fortoient du Chapitre, & attendu qu'ils y eftoient
affemblez au lieu & heure accouftumée pour traiter des affaires de ladite
Communauté, & que lefdits Chapelains y avoient efté en la forme accoûtumée pour traiter des affaires d'icelle, ils feroient fommez d'y demeurer.
Extrait de deliberation dudit Chapitre tenu le Mardy 6. Juillet 1655. par
laquelle lefdits le Grand & le Clerc Chanoines & Benoift Chapelain ont
efté nommez pour faire les tables de la Communauté. Extrait de deliberation dudit Chapitre tenu le Mardy 28. Mars 1662. portant que le Receveur
du Chapitre donnera à chacun des Vicaires du Chœur douze livres. Autre
Extrait de deliberation dudit Chapitre tenu le Mardy 2. Janvier 1663. par
laquelle lefdits Champion & Fortin Chanoines & Maître Jean Benoift Chapelain font deputez pour extraire les abfens de la pointe des affiftances au
Service Divin du quartier d'Octobre 1662. Tranfaction paffée entre fept defdits Chanoines, & douze Chapelains le 2. Juin 1384. Copie écrite d'un caractere fort ancien d'une collation de ladite Chapelle S. Jacques qualifiée,
Capellania perpetua ad altare beati Jacobi fundata de Choro, du 31. Mars 1613.
Procès-verbal du 7. Decembre 1665. fait à la Requefte dedits Chanoines en
vertu de compulfoire pour la reprefentation d'un Regiftre, & tirer d'iceluy
Copie d'un Acte de fuppreffion de ladite Chapelle S. Jacques, pour lequel
ledit Chapitre auroit protefté de nullité dudit extrait, & declaré que ledit
Regiftre étoit informe. Oppofition formée par lefdits Chapelains à une Requefte prefentée par lefdits Chanoines pour la fuppreffion d'une de leurs
Chapelles. Au bas eft la fignification qui a efté faite au Promoteur de l'Archevêché de Paris du 18. Septembre 1658. Sommations auxdits Chanoines
des 15. & 12. Decembre 1662. par les Chapelains de leur delivrer copie fignée du Greffier dudit Chapitre des Titres des fondations defdits Chapelains qui eftoient au trefor de ladite Eglife. Copie Collationnée d'Arreft dudit Grand Confeil du 29. May 1659. rendu à l'Audiance entre le fieur Evêque d'Evreux demandeur en Requefte à ce que defenfes fuffent faites de le
troubler en la jouiffance de la Prebende unie à l'Evêché par Bulle du Pape

Clement VIII. de l'année 1596. Ladite union confirmée par Lettres Patentes du 19. Juillet 1597. approuvée par le Chapitre d'Evreux par Acte du 15. Janvier audit an, confirmée par Arrêt du Parlement de Roüen du 19. Avril 1608. & Maître Jean Ferrand pourvû deladite Chanoinie de Thuray, les Agens generaux de France & le Syndic du Clergé de Normandie intervenans, Maître Jean Maboul & autres, par lequel ledit Maboul auroit esté maintenu en ladite Prebende de Thuray, & ledit sieur Evêque d'Evreux condamné à la restitution des fruits par luy perçûs. Copie imprimée d'Arrest du Parlement du 24. Mars 1664. rendu à l'Audience entre le nommé Brillet, pourveu par devolu en Cour de Rome de la Cure S. Saturnin de Chartres & demandeur en Lettres en forme de Requeste Civile contre trois Arrests, le sieur Evêque de Chartres intervenant, & aussi Appellant comme d'abus, les Habitans de la Paroisse S. Saturnin, le Chapitre de Chartres & le nommé Badin pourveu par le Chapitre de Chartres à la desserte de ladite Cure, par lequel Arrest les Parties auroient esté remises en semblable état qu'elles étoient avant les Arrests, & sur les appellations comme d'abus ledit sieur Evêque de Chartres maintenu au droit de Jurisdiction spirituelle dans ladite Eglise Saint Saturnin, & au droit de collation de ladite Cure à celuy qui sera nommé par le Chapitre, & le Chapitre au droit de presentation de ladite Cure. Copie d'Arrest du Parlement de Paris rendu entre Maître Pierre Roullé d'une part, & les Chanoines de Clermont du 15. Mars 1661. par lequel l'union d'une Prebende faite à un Archidiaconé a été cassée & reconnuë abusive, sur ce que les Chanoines estant les seuls Collateurs de leur Eglise avoient abusé de la facilité que cette qualité leur avoit donnée à pratiquer cette union vicieuse. Copie d'autre Arrest du Parlement du 24. Fevrier 1664. rendu entre les Marguilliers de l'Eglise de S. Pierre S. Paul de Langres appellans comme d'abus de la Commission décernée par le Chapitre dudit lieu, au profit de Maître Pierre Gautier, & les Doyen, Chanoines & Chapitre de Langres intimez & Maître Edme Imbert pourveu en Cour de Rome de ladite Cure, Nicolas le Gros aussi pourveu par devolu de ladite Cure, par lequel ledit Imbert est maintenu en la possession de ladite Cure ; ordonné qu'à l'avenir vacance arrivant dudit Benefice le Chapitre de Langres seroit tenu de nommer & presenter un Vicaire perpetuel audit Evêque de Langres ; ordonné en oûtre que tant le Chapitre de Langres que tous autres Chapitres & Communautez qui ont des Cures à leur Manse seront tenus incessamment de nommer & presenter aux Evêques Diocesains des personnes pourveuës desdites Cures. Imprimé de Factum desdits Chanoines de ladite Eglise Saint Germain & Pierre Bourdin Maître des Enfans de Chœur de ladite Eglise S. Germain, pourvû de la Chapelle S. Nicolas desservie au Chœur d'icelle en un Procès qu'ils avoient au Parlement contre le Recteur de l'Université de Paris, Maître Jacques du Chevreüil & Pierre la Porte. Extrait des Conclusions dudit Chapitre du Mardy 18. Decembre 1601. portant que Maître Noël

Maugé Chapelain & Jean Robelot Vicaire pour avoir prefenté des O O
fous le nom dudit Chapitre , & répondu arrogamment, auroient efté privez
de leur pain du Chapitre pendant un mois. Requefte prefentée audit Confeil par Emanuël Tirement & Jean watelet Chapelains des Chapelles Saint
Eutrope & S. Jacques deffervies au Chœur de ladite Eglife de Saint Germain,
à ce qu'Acte leur fût donné de ce que pour fatisfaire auxdits Arrefts d'évocation du 21. Mars 1671. & 20. Avril 1672. & deffendu à la Requefte defdits
Doyen , Chanoines & Chapitre du 11. Juillet 1674. ils employoient ce qu'ils
ont écrit & produit en l'Inftance avec ce qui a été dit, écrit, & produit par lefd.
Chapelains de ladite Eglife & autres Parties en ce que fervir leur peut avec le
contenu en lad. Requefte pour juftifier de la validité de leurs promotions auxd.
Chapelles de S. Jacques & de S. Eutrope, & leur adjuger les fins & conclufions
par eux prifes , avec condamnation de dépens & reftitution de fruits contre
lefdits Chanoines , au bas de laquelle eft l'Ordonnance dudit Confeil ait Acte
de l'employ , & au furplus en jugeant fera fait droit fans retardation du 23.
Juillet 1674. fignifiée auxdits Doyen, Chanoines & Chapitre le 24. defdits
mois & an. Autre Requefte prefentée audit Confeil par les Recteur , Doyens ,
Procureurs & Suppofts de l'Univerfité de Paris, dans laquelle eft fait mention d'une autre Requefte auffi par eux prefentée audit Confeil, à ce qu'Acte
leur fût donné de ce que pour fatisfaire auxdits Arrrefts d'évocation des
21. Mars 1671. & 20. Avril 1672. ils employoient pour production en
l'Inftance d'entre lefdits Doyen & Chanoines contre lefdits Chapelains,
Emmanuel Tirement & Jean watelet deux d'iceux pourveus defdites Chapelles de S. Eutrope & de S. Jacques fupprimées par lefdits Doyen & Chanoines, tout ce qui a efté dit & produit par lefdits Chapelains , Tirement &
Watelet avec dépens , & à ce que la Copie de la fufdite Requefte fût reçûë
pour fervir d'Original auxdits Recteur, Doyens , Procureurs & Suppofts
de ladite Univerfité de Paris, & les fins & conclufions par eux prifes à eux
accordées , au-bas de laquelle eft l'Ordonnance du Confeil foit la piece reçûë communiquée, & au furplus en jugeant fera fait droit fans retardation
du 23. Mars 1675. fignifiée auxdits Doyen, Chanoines & Chapitre le 26. defdits mois & an. Requefte defdits Doyens, Recteur & Suppofts de l'Univerfité , de ce que pour fatisfaire auxdits Arrefts d'évocation du 21. Mars 1671.
& 20. Avril 1672. ils employent pour production en l'Inftance d'entre lefdits Doyen & Chanoines contre lefdits Chapelains, Emmanuel Tirement &
Jean Vvatelet deux d'iceux pourveus defdites deux Chapelles de S. Eutrope
& de Saint Jacques fupprimées par lefdits Doyen & Chanoines tout ce qui
a efté dit & produit par lefdits Chapelains , Tirement & Vvatelet, au bas de
laquelle eft l'Ordonnance du Confeil , ait Acte de l'employ , & au furplus en
jugeant fera fait droit fans retardation du 24. Juillet 1674. fignifiée lefdits
jour & an. Ecritures & production defdits Doyen , Chanoines & Chapitre,
defdits Tirement & Vvatelet & des Chapelains de ladite Eglife S. Germain

fur la fuppreſſion & union deſdites deux Chapelles de S. Eutrope & S. Jacques. Pluſieurs Requeſtes deſdites Parties, à fin de reception des Pieces y
mentionnées & de Contredits à icelles. Requeſté preſentée au Conſeil par
Charles du Val Clerc du Dioceſe de Paris & Chapelain de la Chapelle ſaint
Jean Baptiſte au Chœur de S. Germain l'Auxerrois tendante à ce qu'il
plût à Sa Majeſté, en tant que beſoin ſeroit,& en expliquant l'Arreſt du Conſeil d'Etat du 18. Novembre 1673. declarer que dans ce Reglement ſommai-
re & la ſurſeance portée par iceluy, Sa Majeſté n'avoit point attendu comprendre le Suppliant ni les differends d'entre luy & les nommez Turgot, Caron, Chanoines & Chapitre de ladite Egliſe pour raiſon de ladite Chapelle,
& ce faiſant ordonner en tant que beſoin ſeroit, que ſuivant & conformément
audit Arreſt contradiƈtoire dudit Conſeil du 8. Novembre 1673. conforme à
pluſieurs autres precedens, les Parties procederoient au Chaſtelet ſur leurs
procès & differends pour raiſon de ladite Chapelle, ainſi qu'elles auroient
pû faire auparavant ledit Arreſt du 18. Novembre audit an, & la ſurſeance
portée par iceluy ſuivant les derniers erremens & la Sentence de maintenuë du predeceſſeur du Suppliant,dudit jour 20 Juin 1673.ſauf l'appel,& faire
entant que beſoin ſeroit, tres-expreſſes inhibitions & deffenſes auſdits Doyen,
Chanoines & Chapitre de ladite Egliſe, Turgot & tous autres de faire aucunes pourſuites & procedures pour raiſon de la Chapelle en queſtion, ailleurs
qu'audit Chaſtelet, & par appel au Parlement à peine de nullité, caſſation de
procedures, trois mille livres d'amende & de tous dépens, dommages & interefts, & condamner leſdits Doyen, Chanoines & Chapitre aux dépens
du Suppliant, & que où Sa Majeſté feroit difficulté d'adjuger au Suppliant les
ſuſdites fins & concluſions, & que leſdits Chanoines & Chapitre, Turgot
& autres voudroient pretendre que ledit Duval dût demeurer Partie eſdits
procès d'entr'eux & leſdits Chapelains, ce qui n'eſtoit pas vray-ſemblable,
& auſſi qu'en cas que Sa Majeſté & ſon Conſeil voulût entrer en connoiſſance du fond & principal differend des Parties ſur le petitoire ou poſſeſſoire
de ladite Chapelle & iceluy évoquer & juger audit Conſeil contre les Ordonnances & le Reglement nouveau, & contre le ſuſdit Arreſt contradiƈtoire
de renvoy, ce qui eſtoit encore hors d'apparence, & ne ſe pourroit meſme faire que par un Ordre exprès de Sa Majeſté & un Arreſt d'évocation
poſterieur à tout ce que deſſus ; requeroit ledit Duval qu'audit cas, il plût à
Sa Majeſté luy donner Aƈte de ce qu'il adhere en tant que beſoin ſeroit aux
concluſions deſdits Chapelains perpetuels fondez au Chœur & Communauté de ladite Egliſe de S. Germain l'Auxerrois contenuës en leurs Requeſtes
inſerées audit Arreſt du Conſeil du 18. Novembre lors dernier, à fin de rapport des pretenduës Lettres ſubreptiƈement obtenuës & ſurpriſes par leſdits
Chanoines & Chapitre de ladite Egliſe au mois de Septembre lors dernier,
poſterieurement & pendant l'introduƈtion & la pourſuite des differends &
inſtances d'entre les Parties, ce faiſant & ſans avoir égard auſdites preten-

dües Lettres ni à tout ce qui pourroit s'en eſtre enſuivi, & ſuivant & conformément aux Arreſts tant du Conſeil que du Parlement & Actes Capitulaires , de ladite Egliſe deſdits jours 22. Avril 1625. 12. Mars 1633. 17.
Aouſt 1640. & 19. Avril 1641. & encore ſuivant & conformément à ladite
Sentence du Chaſtelet de Paris du 20. Juin lors dernier, & nonobſtant tous
leſdits troubles & pretenduës demandes, titres & pretentions deſdits Turgot, Caron, Doyen, Chanoines & Chapitre de ladite Egliſe & tous autres, ordonner que ledit Duval ſeroit & demeureroit maintenu & gardé en
ladite Chapelle de S. Jean-Baptiſte deſſervie au Chœur de ladite Egliſe de
S. Germain l'Auxerrois ; & leur faire deffenſes de l'y troubler directement
ni indirectement,& pour l'avoir fait les condamner en telle amende qu'il luy
plairoit, & en tous ſes dépens dommages & intereſts, & cependant en attendant l'inſtruction & jugement diffinitif des differends pour raiſon de ladite
Chapelle dont le Suppliant eſtoit legitimement pourveu ſur la reſignation de
Claude Romecan, auquel ledit Germain Romecan ſon frere & paiſible poſſeſ-
ſeur pendant près de 40. années, l'avoit reſignée ſuivant & en execution des
ſuſdits Actes Capitulaires & Arreſts contradictoires, & en laquelle Chapelle le
Reſignant du Suppliant avoit déja eſté maintenu contre ledit Turgot par ladite
Sentence du 20. Juin lors dernier ; ordonner que par maniere de proviſion le
Suppliant joüiroit des fruits & revenus, & émolumens de ladite Chapelle.
L'Ordonnance du Conſeil du 1. Fevrier 1674. portant que ladite Requeſte
ſeroit communiquée auſdits Doyen, Chanoines &Chapitre dudit S. Germain,
pour leurs réponſes veuës ou eux oüis eſtre ordonné ce que de raiſon, ſignifiée auſdits Doyen, Chanoines & Chapitre dudit ſaint Germain, Turgot &
Caron les 3. & 5. dudit mois de Fevrier. Lettres de Tonſure dudit Duval du
13. Mars 1660. Procuration *ad Reſignandum* dudit Germain Romecan Chantre de la Chapelle & Muſique du Roy & Chapelain de ladite Chapelle de S.
Jean-Baptiſte au profit dudit Claude de Romecan du 24. Fevrier 1672. Proviſions obtenuës en Cour de Rome en conſequence par ledit Claude Romecan
au mois d'Avril enſuivant. *Viſa* du ſieur Archeveſque de Paris ſur leſdites Proviſions du 21. Novembre audit an 1672. Priſe de poſſeſſion par ledit Claude
Romecan de ladite Chapelle de S. Jean-Baptiſte du 13. Decembre enſuivant. Certificat de publication de ladite priſe de poſſeſſion au Proſne de
la Meſſe Paroiſſiale dudit S. Germain du 6. Janvier 1673. Autre Certificat de mort dudit Germain Romecan Chantre ordinaire de la Muſique du
Roy & Chapelain dudit ſaint Germain, & appoſition de ſcellé par le Com-
miſſaire Galeran du 7. dudit mois de Janvier. Sentence dudit Chaſtelet du
20. Juin 1673. renduë par deffaut contre ledit Turgot & par laquelle ledit
Claude Romecan eſt maintenu en la joüiſſance de ladite Chapelle. Proviſions obtenuës en Cour de Rome par ledit Charles Duval du mois d'Aouſt
1673. ſur la reſignation à luy faite par ledit Claude Romecan de ladite Chapelle de S. Jean-Baptiſte. *Viſa* dudit ſieur Archeveſque de Paris du 12. Octobre

bre audit an accordé audit Duval fur lefdites Provifions. Prife de poffeffion
de ladite Chapelle faite en confequence par ledit Duval du 1 2. defdits mois
& an. Arreft du Confeil du 8. Novembre 1 6 7 3. en Reglement de Juges, entre ledit Caron, Chapitre de S. Germain, Turgot & Romecan, par lequel
les Parties auroient efté renvoyées audit Chaftelet, & ledit Chapitre & Turgot condamnez aux dépens envers ledit Caron intervenant & ledit Duval,
fignifié les 1 4. 1 5. & 1 6. defdits mois & an. Ledit Arreft du Confeil du 1 8. Novembre 1 6 7 3. portant que les Parties feroient fommairement oüies & joint
à l'Inftance principale, pour eftre fait droit fur le tout, & cependant furfis
à toutes pourfuites, tant audit Confeil qu'au grand Confeil, tant contre Maître Louis Piettre qu'autres Chapelains dudit S. Germain l'Auxerrois, jufqu'à
ce qu'autrement en ait efté ordonné. Sommations faites à la requefte dudit
Duval auxdits Doyen, Chanoines & Chapitre, Turgot & Caron des 5. 7. & 8.
Fevrier 1 6 7 4. de fournir de réponfes à fadite Requefte du 1. Fevrier audit an.
Acte par lequel ledit Duval communique fes Titres & ceux dudit Claude Romecan auxdits Chapitre, Turgot & Caron du 1 5. dudit mois de Fevrier.
Autre Acte d'employ dudit Duval du premier Juin 1 6 7 4. de ce qu'ont écrit
& produit lefdits Chapelains & autres Parties, pour fatisfaire en tant que befoin feroit audit Arreft du Confeil du 1 8. Novembre 1 6 7 3. Requête prefentée
audit Confeil par lefdits Doyen, Chanoines & Chapitre de l'Eglife de Saint
Germain l'Auxerrois, à ce qu'il plût à Sa Majefté leur donner Acte de ce
que pour réponfes à celles dudit Duval, fignifiées le 3. Fevrier lors dernier,
ils employent le contenu en ladite Requefte, & en confequence fans avoir
égard aux Conclufions dudit Duval, dont il fera debouté, leur adjuger les
fins & conclufions par eux prifes par leur Requefte du . . . .
auffi lors dernier. Autre Requefte defdits Doyen, Chanoines & Chapitre
& Jacques Turgot plus ancien Vicaire de ladite Eglife de Saint Germain
l'Auxerrois, à ce qu'il plût à Sa Majefté ordonner que l'Arreft du Confeil
d'Etat rendu en prefence de Sa Majefté le 1 8. Novembre 1 6 7 3. feroit executé
felon fa forme & teneur ; ce faifant, caffer & annuller, tant ledit Arreft du 8.
dudit mois de Novembre, comme rendu par attentat, que l'executoire obtenu en confequence le 1 7. Janvier enfuivant par ledit Caron, & tout autre que ledit Duval, & autres pourroient obtenir, & décharger les Supplians
de la condamnation des dépens y portée, au bas eft l'Ordonnance du Confeil du 4. Fevrier 1 6 7 4. portant la Requefte communiquée audit Caron pour
fa réponfe veuë ou luy oüy, eftre ordonné ce que de raifon. Signification
de ladite Requefte auxdits Caron & Duval des 5. & 9. dudit mois de Fevrier.
Sommation faite à la requefte defdits Doyen, Chanoines & Chapitre, & dudit
Turgot de fournir de réponfes par ledit Caron à leur fufdite Requête du 8. dudit mois & an. Plufieurs declarations & proteftations defdits Doyen, Chanoines & Chapitre, contre les dépens pretendus à eux fignifiez de la part defdits
Duval & Caron, en confequence dudit Arreft du Confeil du 8. Novembre

1673. Autre Requeſte dudit Charles Duval, à ce que leſdits Turgot, Doyen, & Chanoines de ladite Egliſe ſoient declarez non recevables en leurdite Requeſte du 4. Fevrier 1674. ſignifiée le 9. dudit mois, contenant la demande en caſſation dudit Arreſt contradiƈtoire de Reglement de Juges du 8. Novembre lors dernier, & executoire de dépens obtenu & à obtenir ; en conſequence, & ce faiſant, les condamner en l'amende & aux dépens, ſignifiée le 17. Fevrier 1674. Autre Requête dudit Duval, à ce qu'il lui ſoit donné Aƈte, de ce que pour réponſe & replique à celle deſdits Doyen & Chanoines de ladite Egliſe du 10. Fevrier 1674. il employe le contenu en ladite Requeſte, & en celle par lui fournie pour réponſes à celle deſdits Chanoines & Turgot du 4. deſdits mois & an, & en conſequence, & ſans avoir égard à ladite Requeſte deſdits Chanoines du 10. Fevrier 1674. luy adjuger les fins & concluſions par lui priſes par ſeſdites Requeſtes du premier & 17. dudit mois de Fevrier ſignifiées auxdits Doyen & Chanoines le 19. deſdits mois & an. Requeſte preſentée audit Conſeil par Charles Caron Preſtre, Ancien Regent Suppoſt Gradué de l'Univerſité de Paris, & Chapelain de la Chapelle S. Jean Baptiſte fondée & deſſervie au Chœur de Saint Germain l'Auxerrois, à ce que pour les cauſes y contenuës, il plût à Sa Majeſté ordonner qu'il ſeroit maintenu & gardé en la poſſeſſion & joüiſſance de ladite Chapelle S. Jean Baptiſte, fruits, profits, revenus & émolumens, avec défenſes expreſſes auxdits Turgot, Romecan, Duval & autres de l'y troubler, & auxdits Doyen & Chanoines de l'empeſcher de la deſſervir, & ce par maniere de recreance ſeulement, & ſans prejudice du droit des Parties au principal, au bas eſt l'Ordonnance du Conſeil du 21. Fevrier 1674. portant la preſente Requeſte communiquée auxdits Doyen, Chanoines & Chapitre Saint Germain l'Auxerrois, auxdits Turgot, Romecan & Duval, pour eux oüis ou leurs réponſes veuës, eſtre ordonné ce que de raiſon, ſignifiée auxdits Doyen, Chanoines & Chapitre, & audit Turgot le 2. Mars audit an. Preſentation dudit Caron du 5. May 1673. audit Chapitre S. Germain, avec ſommation de l'y recevoir en ladite qualité de Gradué, de luy accorder les Lettres de Collation & Proviſion de ladite Chapelle, vacante au mois de Janvier 1673. par le décès de Germain Romecan, la réponſe dudit Chapitre que ladite Chapelle eſtoit remplie, enſuite eſt l'Inſinuation de ladite Preſentation au Greffe des Inſinuations Eccleſiaſtiques du 15. dudit mois de May. Proviſions du ſieur Archeveſque de Paris, obtenuës par ledit Caron du 9. May audit an, de ladite Chapelle en la ſuſdite qualité de Gradué du 13. deſdits mois & an ſur le refus dudit Chapitre de S. Germain. Priſe de poſſeſſion du 13. dudit mois de May de ladite Chapelle par ledit Caron, en conſequence deſdites Proviſions, Titres & Capacitez dudit Caron, de Maiſtre és Arts, Preſtre, Gradué & Regent en ladite Univerſité de Paris. Aƈte d'employ fait par ledit Charles Caron de ce qui a eſté écrit & produit par leſdits Chapelains de S. Germain en l'Inſtance pendante au Conſeil entre les Chanoines & Chapitre, Jacques Tur-

got, Chantres & Choriftes, Charles Duval, les Recteur, Doyens, Procureurs & Suppofts de l'Univerfité de Paris & lefdits Chapelains, pour fatisfaire à l'Arreft du Confeil du 18. Novembre 1673. fignifié auxdites Parties
le premier Juin 1674. Requefte de Jacques Turgot Preftre Chapelain de ladite Chapelle de S. Jean Baptifte prefentée au Confeil, à ce qu'Acte luy foit
donné de ce que pour réponfe à la Requefte dudit Duval du 3. Février 1674.
il employe le contenu en ladite Requefte & adhere aux conclufions qui ont
efté prifes par ledit Chapitre de S. Germain portées par les Requeftes qu'ils
ont prefentées, tant contre l'Arreft furpris le 8. Novembre lors dernier au
rapport du fieur le Blanc, que contre la Requefte dudit Duval, & en confequence fans avoir égard aux Conclufions prifes par ledit Duval, que les Parties feroient renvoyées au Grand Confeil pour y proceder fur le poffeffoire
de ladite Chapelle fuivant les derniers erremens en execution de l'Arreft de
Reglement dudit Grand Confeil du dernier Mars 1621. des Lettres Patentes
du mois de Septembre 1673. & de l'Arreft qui en ordonne l'enregiftrement,
fignifiée audit Duval le 13. Février 1674. Provifions dudit Chapitre de Saint
Germain du 9. Janvier 1673. de ladite Chapelle en faveur dudit Jacques
Turgot comme vacante par le decez de Germain Romecan. Acte du 13. Decembre 1672. pardevant Notaires au Chaftelet de Paris, d'oppofition faite
par ledit Germain Romecan à la Prife de poffeffion, fi aucune a efté faite,
& qui pourroient eftre faites cy-après à fon infçû & contre fa volonté de la
Chapelle de S. Jean en l'Eglife de S. Germain par qui & pour quelque caufe
que ce foit, attendu qu'il n'a de quoy vivre ni fubfifter en l'eftat qu'il eft, &
declare ne fçavoir écrire ni figner, attendu fa paralyfie, fignifiée auxdits Chanoines & Chapitre. Autre Requefte defdits Doyen, Chanoines & Chapitre au Grand Confeil, à ce qu'il leur fût permis de faire affigner lefdits Romecan, Caron & Turgot pour proceder fur la Complainte formée contr'eux
au Chaftelet de Paris fur la Sommation faite par ledit Turgot audit Chapitre,
& faifant droit fur icelle que l'Arreft dudit Grand Confeil du dernier Mars
1621. fervant de Reglement fur le fait des Collations defdites Chapelles,
feroit executé, lefdits de Chapitre & Chanoines maintenus en la poffeffion
de pourvoir à ladite Chapelle, & ledit Turgot pourvû d'icelle par ledit Chapitre maintenu en la jouiffance d'icelle comme plus ancien Vicaire Chorifte
de ladite Eglife, avec défenfes audit Claude Romecan pretendu Refignataire,
audit Caron pretendu Gradué & tous autres de l'y troubler, & condamnez à
la reftitution des fruits, dommages & interefts dudit Turgot. Comme auffi
faire défenfes auxdites Parties de fe pourvoir ni faire pourfuites ailleurs qu'audit Grand Confeil, à peine de nullité; au bas eft l'Ordonnance du... Juin
1673. portant permiffion d'affigner, & cependant défenfes. Affignation donnée en confequence audit Turgot audit Grand Confeil à la requefte defd. Chanoines & Chapitre du 13. Juin 1673. Sommation faite par ledit Romecan
audit Turgot du 16. dudit mois de Juin 1673. de conftituer Procureur au Châ-

telet. Réponfe dudit Turgot du 17. defdits mois & an à la Sommation dudit
Claude Romecan qu'il a efté affigné au Grand Confeil par lefdits Chanoines
& Chapitre en vertu de l'Ordonnance d'iceluy, auffi-bien que ledit Rome-
can, & ne peut proceder au Chaftelet, attendu les défenfes dudit Grand
Confeil, où il conftituera Procureur. Acte d'employ des Recteur, Doyens,
Procureurs & Suppofts de l'Univerfité de Paris du premier Juin 1674. pour
fatisfaire audit Arreft du Confeil du 18. Novembre 1673. portant Reglement
à écrire & produire fur la conteftation d'entre les Parties, & pour juftifier
que le fonds de ladite conteftation d'entre les Parties eftoit le fujet d'une
Requefte prefentée au Confeil du 23. Juin 1640. par laquelle ils ont efté
reçus Parties intervenantes en une Inftance pendante audit Confeil en même efpece, ledit Arreft du 19. Avril 1641. & ce qui a efté écrit par les
Chapelains & autres Parties, ledit Acte fignifié auxdits Doyen & Chanoines, Turgot, Chantres Choriftes, Duval, Charles Caron, Louïs Piettre & Chapelains de ladite Eglife. Autre Acte defdits Recteur & Suppofts
de l'Univerfité, fervant de Réponfe à la Requefte à eux fignifiée le 22. Juillet 1675. de la part defdits Doyen, Chanoines & Chapitre, & par lequel ils
employent ce qui a efté écrit & produit par lefdits Chapelains, fignifié le 2.
Aouft audit an. Requefte prefentée audit Confeil par les Chapelains dudit S. Germain l'Auxerrois, à ce qu'il plût à Sa Majefté leur donner Acte
de ce que pour Réponfe à ladite Requefte defdits Doyen & Chanoines, fignifiée le 31. Juillet 1673. & pour fatisfaire à l'Arreft du Confeil d'Etat du
18. Novembre audit an, ils employent le contenu en icelle avec les Pieces
juftificatives, & faifant droit fur le tout, ordonner que les Arrefts, Sentences
& Reglemens rendus le 18. Juillet 1573. 24. Mars 1588. 18. Mars & dernier
Juin 1607. 9. Aouft & 22. Decembre 1618. 28. Avril 1622. 4. Septembre
1624. 22. Avril 1625. 12. Mars 1633. 21. Mars 1634. 29. Nov. 1638.
8. Mars, 8. Juin & 15. Sept. 1639. 30. Mars & 18. May 1640. 19. Avril
1641. 19. Janv. & 23. Mars 1661. 12. Janv. 1664. 21. Mars & 28. Juillet
1672. 5. Sept. 1673. & autres relatifs & conformes, feront executez felon
leur forme & teneur, & en confequence declarer lefdites Bulles & Statuts des
années 1404. 1423. & 1424. abufifs comme contraires aux Ordonnances,
Fondations, Arrefts & Reglemens ; comme auffi ordonner que les Lettres
Patentes des années 1581. & Septembre 1673. feront rapportées comme
fubreptices & obreptices ; ce faifant les maintenir dans le droit, poffeffion &
jouïffance qu'ils ont de refigner, permuter & difpofer de leurs Chapelles
en faveur de toutes fortes de perfonnes, Choriftes & non Choriftes ; condamner lefdits Doyen & Chanoines aux dépens ; au bas eft l'Ordonnance
du Confeil du 7. May 1674. ait Acte & au furplus en jugeant, fignifiée auxdits
Doyen, Chanoines, Turgot, Chantres Choriftes, Univerfité de Paris &
Duval le 9. defdits mois & an. Autre Requefte defdits Chapelains à ce qu'il
plût à Sa Majefté leur donner Acte de ce qu'ils interjettent appel comme d'a-

bus defd. Chartres, Bulles & Sentences de 1225. 1324. 1399. 1404.1407. 1424.1595.& 1599.& de ce que pour caufes & moyens d'apel, ils employent ce qu'ils ont écrit & produit en l'Inftance , & en confequence leur adjuger les fins & conclufions par eux prifes fans avoir égard auxdites ptetenduës Chartres , Bulles & Sentences ; au bas eft l'Ordonnance du premier Septembre 1674. ait Acte , & au furplus en jugeant fans retardation , fignifiée auxd. Chanoines le 4. defdits mois & an. Autre Requefte defdits Doyen , Chanoines & Chapitre, à ce qu'il plût à Sa Majefté leur donner Acte de ce que pour Réponfe à celle defdits Chapelains du 9. May 1674. employée pour moyens d'obreption contre lefdites Lettres Patentes du mois de Septembre 1673. & pour fatisfaire à l'Arreft du Confeil du 18. Novembre enfuivant , ils employent le contenu en leurdite Requefte , enfemble ce qu'ils ont écrit & produit en l'Inftance , & en confequence fans avoir égard aux conclufions prifes par lefdits Chapelains par ladite Requefte , dont ils feront deboutez , ordonner que lefdites Lettres Patentes feront executées felon leur forme & teneur, & condamner lefdits Chapelains aux dépens, au bas eft l'Ordonnance du Confeil du 18. Juin 1674. ayent Acte & au furplus en jugeant fans retardation, fignifiée le 20. defdits mois & an. Acte Capitulaire dudit Chapitre de S. Germain du 13. Septembre 1633. fur ce que Maiftre François Cachet s'y feroit prefenté pour eftre reçû comme pourvû de la Chapelle Sainte Marie Magdelaine par la refignation de Maiftre Jean Dupuis , contenant leurs Réponfes, que la fignature de Provifion dudit Cachet eft nulle , & qu'on a furpris Sa Sainteté , luy ayant efté expofé que ladite Chapelle eftoit fans charge , & ne requeroit refidence perfonnelle, partant qu'ils ne le peuvent recevoir, joint qu'il n'eft de la qualité requife , & pour autres caufes que lefdits Doyen , Chanoines & Chapitre déclareront en temps & lieu. Acte fignifié à la requefte de Pierre Bourdin & Jean Benoift Chapelains dudit S. Germain du 13. Février 1634. à Maiftre Labbé foy difant leur Avocat & Confeil, defavouant la Requefte par luy prefentée audit Confeil fous le Nom collectif defdits Chapelains , comme eftant contraire à la verité & à leur ferment, que le Chapitre eft Fondateur, Patron & Collateur , qu'eux feuls contribuënt pour le falaire de leurs Vicaires & Enfans de Chœur, & qu'aucun Gradué n'a jamais obtenu en vertu de fon Degré lefdits Benefices, qu'ils n'improuvent pas les Bulles & Statuts des Papes Benoift & Martin , & que l'intention defdits Chapelains n'a jamais efté que de pouvoir refigner leurs Chapelles aux Vicaires de ladite Eglife , fignifié auxdits Doyen , Chanoines & Chapitre le 13. Février 1634. Deux Extraits des Regiftres dudit Chapitre des 23. Octobre 1507. & 22. Septembre 1514. fur la fignature en Cour de Rome , en faveur de Jean Gaultier Preftre Chorifte de la Chapelle de S. Jean Baptifte en ladite Eglife par la refignation de Guillaume Coignard auffi Preftre & Chorifte d'icelle , & l'autre fur une Provifion faite à Jean Roüiller par le Chapitre fur la refignation de Jean Gaultier. Extrait des

Comptes dudit Chapitre & Communauté des années 1 5 8 9. & 1 5 9 0. Copie
d'une Requeſte preſentéé auxdits Doyen , Chanoines & Chapitre par Louis
le Mas Marguillier Clerc de ladite Egliſe , à ce qu'il plût le continuer en
toutes ſes fonctions de Marguillier-Clerc , avec défenſes audit Colombet
Vicaire Perpetuel de ladite Egliſe de l'y troubler , & de luy rendre tous les
profits que le nommé Auchard en avoit reçûs depuis qu'il a eſté troublé , au
bas de laquelle Requeſte eſt l'Ordonnance dudit Chapitre du 3 0. Decembre
1 6 7 2. portant qu'elle ſeroit communiquée audit Colombet, qui ſeroit ſom-
mé de comparoir au premier Chapitre , & que ledit le Mas continueroit ſa
fonction. Signification de ladite Requeſte audit Colombet deſdits jour &
an. Copie de Requeſte preſentée au Parlement de Paris par leſdits Doyen &
Chapitre, à ce qu'ils fuſſent reçûs oppoſans à l'execution des Arreſts des 5.
Sept. 1 6 6 5. & 1 5. Juillet 1 6 6 6. avec défenſes auxdits Chapelains de s'en
ſervir , & que l'Arreſt contradictoire du Parlement du premier Avril ſera
executé, au bas de laquelle Requeſte auroit eſté mis, ſoit montré au Procureur General. Acte dudit Chapitre du 1 8. Juillet 1 6 0 7. portant que toutes
fois & quantes que leſdits Chapelains refuſeroient de chanter les Antiennes & Répons de Matines , Laudes & Veſpres , les Traits & *Alleluia* des
Meſſes du Chœur, & des Obits , & les Antiennes & les Répons de la neuviéme Leçon de l'Office des Morts qui leur ſeront annoncez par les Chap-
piers & Choriſtes , leſdits Chapelains ſeroient mulctez & marquez ſur le
Livre de la Pointe, comme ayant manqué à leurdit Office, & pour ce privez
des diſtributions de l'aſſiſtance de l'Office, auquel ils auroient manqué à leur
devoir, attendu que ce dont eſt queſtion , n'eſt point un Article ni choſe
conteſtée dans l'Inſtance pendante en la Cour de Parlement. Quittance de
la ſomme de cent ſols payée par le Chapitre & Communauté de ladite
Egliſe à Auguſtin Camuſet Maiſtre Couvreur d'icelle du 1 2. Septembre 1 6 2 0.
Copie de Sentence du Chaſtelet de Paris du 8. Juin 1 6 3 9. entre leſdits
Doyen, Chanoines & Chapitre , & Pierre Germain Reſignataire de Jacques Germain, par laquelle ledit Pierre Germain auroit eſté maintenu en la
poſſeſſion de la Chapelle de Sainte Catherine à luy adjugée par ledit Arreſt
de 1 6 2 1. Imprimé d'Arreſt du Conſeil du 4. Septembre 1 6 2 4. rendu entre
André Trochon Reſignataire de la Chapelle de S. Jean Baptiſte en ladite
Egliſe de S. Germain , Demandeur en reglement de Juges , d'entre le Grand
Conſeil , & les Requeſtes du Palais contre leſdits Doyen & Chanoines , par
lequel ſans avoir égard à l'Arreſt du Grand Conſeil du dernier May 1 6 2 1. les
Parties auroient eſté renvoyées auxdites Requeſtes du Palais, avec défenſes
audit Grand Conſeil & à tous autres Juges d'en connoiſtre. Copie d'autre
Arreſt dudit Conſeil du 2 1. Mars 1 6 3 4. entre leſdits Doyen & Chanoines,
l'Univerſité de Paris, & Jacques du Chevreüil pourvû comme Gradué de la
Chapelle de S. Nicolas en ladite Egliſe, par lequel ſur la demande deſd. Chanoines & Chapitre, en ce qui concerne ledit du Chevreüil. les Parties au-

roient efté mifes hors de Cour fans tirer à confequence, & fur le furplus des
autres demandes, ordonné qu'elles contefteront plus amplement. Plufieurs
prifes de poffeffion en faveur des Graduez, & autres non Choriftes depuis
l'année mil cinq cent un jufques en mil fix cent foixante & treize en ladite
Eglife de S. Germain. Arreft dudit Parlement du vingt-quatriéme May 1588.
par lequel auroit efté ordonné du confentement des Parties, & fur les conclufions du fieur Procureur General, qu'elles rentreroient chacune dans leurs
Benefices permutez, fans prendre de nouvelles Provifions. Sentence du
Chaftelet de Paris du 13. Aouft 1665. par laquelle lefdits Doyen, Chanoines
& Chapitre ont efté maintenus en la poffeffion & joüiffance de la Chapelle
fainte Catherine fondée au Chœur de ladite Eglife unie à la manfe dudit
Chapitre pour la nourriture d'un Maiftre, fix Enfans de Chœur & un Serviteur, & accomplir les charges & le Service Divin pour ladite Chapelle, le
tout fuivant la Sentence dudit fieur Evefque de Paris du 18. Fevrier 1603.
Lettres Patentes en confequence & Arreft dudit Parlement du 22. Decembre 1618. fur l'appel interjetté par ledit Flament & de fon confentement, par
lequel le nommé le Gaigneur eft'maintenu en la joüiffance de ladite Chapelle. Arreft du grand Confeil du 28. Avril 1622. entre lefdits Doyen, Chanoines & Chapitre de S. Germain appellans comme d'abus des provifions
obtenuës en Cour de Rome par Jean Mefnard de la Chapelle de S. Jean
Baptifte de ladite Eglife fur la refignation de Chriftophle Carbonnier, par
lequel fur ledit appel les Parties auroient efté mifes hors de Cour & de procès, & ledit Mefnard maintenu fans que ledit Arreft puiffe nuire ny prejudicier aux Statuts de ladite Eglife, & à l'Arreft dudit Grand Confeil du dernier Mars 1621. Autre Arreft du Parlement du douze Mars 1633. par lequel
Jacques du Chevreüil, le Recteur & Suppofts de l'Univerfité intervenans, a
efté maintenu en la joüiffance de la Chapelle S. Nicolas en ladite Eglife fans
s'arrefter à l'intervention defdits Doyen, Chanoines & Chapitre dudit S. Germain & les Chantres d'icelle. Arreft du Confeil du 21. Mars 1634. par lequel
fur la demande defdits Doyen, Chanoines & Chapitre de faint Germain en ce
qui concerne ledit du Chevreüil, les Parties auroient efté mifes hors de Cour
& de procès fans tirer à confequence. Arreft dudit Confeil du 29. Juillet
1639. fur la Requefte defdits Chapelains narrative de plufieurs autres. Requeftes defdits Doyen, Chanoines & Chapitre, de l'Univerfité de Paris, &
Arrefts dudit Confeil pour raifon des refignations, permutations defditesCha-
pelles contre l'affectation d'icelles aux Choriftes, fur lefquelles auroit été ordonné que les Parties feroient fommairement ouyes. Sentence des Requeftes
du Palais du 19. Janvier 1661. par laquelle Michel Carentan Refignataire de
Claude Compagnon de la Chapelle S. Michel fondée en ladite Eglife, eft
maintenu en la jouiffance d'icelle, fans s'arrefter aux Lettres de Refcifion obtenuës par Thomas Compagnon pere dudit Claude Compagnon contre ladite refignation. Arreft du Parlement du 23. Mars enfuivant confirmatif de

ladite Sentence fur l'appel d'icelle interjetté par ledit Compagnon & de fon confentement. Acte de defiftement du 2. May 1664. paffé pardevant Notaires au Chaftelet de Paris par Maiftre Mathieu de la Barre Preftre habitué en ladite Eglife S. Germain de l'appel par luy interjetté de la Sentence dudit Chaftelet du 12. Janvier audit an, par laquelle Maiftre Pierre du Buha avoit efté maintenu en la jouiffance de la Chapelle Noftre-Dame des Meches en ladite Eglife, de laquelle ledit de la Barre avoit efté auffi pourveu. Copie imprimée d'Arreft dudit Parlement du 21. Mars 1672. par lequel Thomas le Comte eft maintenu en la poffeffion & jouiffance de la Chapelle S. Jacques en ladite Eglife contre Euftache Maurice Vicaire Chorifte d'icelle, les autres Choriftes & les Chanoines & Chapitre intervenans pretendant l'affectation defdites Chapelles aufdits Choriftes. Extrait d'un Contract de rente du 20. May 1420. fait en execution d'un Teftament de Philippes le Heure Chanoine en ladite Eglife S. Germain avec fes executeurs, par lequel pour fatisfaire au legs porté par iceluy, il a efté delaiffé audit Chapitre plufieurs Maifons y mentionnées moyennant les fommes, & aux charges, claufes & conditions énoncées audit Contract. Arreft du Parlement du 15. Avril 1415. en latin, par lequel André le Moine pourveu par ledit Chapitre & Vicaire Chorifte, eft maintenu en la jouiffance de la Chapelle S. Jacques contre Mathieu Loppes qui en avoit obtenu un Mandat Apoftolique. Extrait des Regiftres des Actes Capitulaires de ladite Eglife Saint Germain l'Auxerrois du Vendredy premier Septembre 1673. auquel ont affifté le Doyen & fept Chanoines de ladite Eglife, par lequel auroit efté arrefté que l'on fe pourvoiroit pardevers Sa Majefté pour obtenir des Lettres de Confirmation des Statuts dudit Chapitre, Bulles des Papes Benoift XIII. & Martin V. des années 1404. & 1422. bien & deuëment fulminées & confirmées par Lettres Patentes du Roy Henry III. du 5. Juillet 1581. & Arrefts des Cours Souveraines, & reftitution contre lefdits Actes dérogeant à iceux, & approbatives des provifions & collations à ce contraires, dont l'addreffe feroit faite au grand Confeil, attendu le Reglement general qui y a efté rendu conformément auxdits Statuts, Bulles & Lettres. Lettres Patentes de Sa Majefté du mois de Septembre 1673. obtenuës par lefdits Doyen, Chanoines & Chapitre dudit Sanit Germain l'Auxerrois, portant confirmation defdites Bulles des Papes Benoift XIII. & Martin V. Lettres Patentes & Arrefts, & que lefdites Chapelles fondées en ladite Eglife qui font deffervies au Chœur d'icelle, demeureront affectées aux Vicaires Choriftes de ladite Eglife, vacations d'icelles arrivant par mort, permutation, refignation ou autrement, pour eftre conferéés aux plus anciens defdits Vicaires Choriftes felon l'ordre de leur reception, lefquels feront tenus fuivant les Reglemens de ladite Eglife de refider, & de fervir actuellement le divin Service tant de jour que de nuit, & faire les mefmes fonctions qu'ont accouftumé, & doivent faire les autres Vicaires & Choriftes non encore pourveus de Chapelles & relevans en

tant

tant que befoin feroit, lefdits de Chapitre de tous Actes, par lefquels ils auroient pu approuver des refignations & provifions defdites Chapelles contraires auxdites Bulles & Lettres Patentes. Arreft d'enregiftrement defdites
Lettres Patentes audit Grand Confeil du 28. Septembre 1673. enfemble defdits Statuts, Decrets & Bulles pour eftre executées & joüir par lefdits Doyen,
Chanoines & Chapitre de S. Germain de l'effet & contenu en icelles felon
leur forme & teneur. Copie Collationée d'un Acte dudit Chapitre du premier Janvier 1404. fur la reprefentation & lecture faite en iceluy en prefence defdits Chapelains & Vicaires dudit S. Germain, des Bulles de Benoift
XIII. à la fin duquel Acte il paroît que Michel de Belloüart tant pour
luy que pour les autres Chapelains en a demandé copie. Requefte defdits
Doyen, Chanoines & Chapitre dudit S. Germain d'employ, & pour réponfes aux pretendues nullitez alleguées contre l'Arreft du Grand Confeil
du dernier Mars 1621. à ce qu'ils foient reçus entant que befoin eft ou
feroit, appellans comme d'abus des pretendus Actes Capitulaires des 17. 21.
Aouft 1640. & Acte leur foit donné de ce que pour moyens d'abus & de caffation contre l'Arreft du Confeil du 19. Avril 1641. ils employent ladite
Requefte, & ce qu'ils ont écrit & produit en l'Inftance, & en confequence qu'il
a efté mal, nullement & abufivement confenti & accordé par lefdits Actes,
ledit Arreft du Confeil caffé & annullé, ce faifant, Ordonné que fans y avoir
égard, ni à l'oppofition formée par lefdits Chapelains, à l'execution des Lettres Patentes accordées auxdits Doyen, Chanoines & Chapitre, qu'elles feroient executées felon leur forme & teneur, & leurs autres Conclufions adjugées & permis de joindre à ladite Requefte une Requefte d'intervention
de l'Univerfité de Paris audit Grand Confeil du 12. Fevrier 1621. Une autre
Requefte de forclufion de ladite Univerfité contre lefdits Doyen, Chanoines & Chapitre audit Grand Confeil dans la même Inftance du 8. Mars enfuivant. Sommation faite à M. François le Charon Doyen de ladite Eglife de
S. Germain à la Requefte de Maître Jacques du Chevreüil Gradué de ladite
Univerfité de luy declarer s'il avoue la pourfuite contre luy faite par lefdits
Chanoines & Chapitre contre l'Arreft de Parlement, par lequel il eft maintenu en la poffeffion de ladite Chapelle S. Nicolas en l'Eglife de S. Germain,
en caffation duquel il a efté traduit au Confeil Privé par lefdits Chanoines &
Chapitre du 22. Octobre 1633. & la declaration dudit fieur le Charon,
qu'il ne fçait en quel état peut eftre cette affaire, que l'on luy a cachée de-
puis quelque temps, joint qu'il a efté abfent, & ne veut heurter l'autorité
des Arrefts de la Cour, & n'a aucune part à la pourfuite qui fe fait audit
Confeil. Acte du 20. Aouft 1640. fignifié à la requefte dudit fieur le Charon
Doyen, & de neuf Chapelains de ladite Eglife S. Germain au Chapitre de
Communauté d'iceluy, luy declarant qu'ils ont nommé le Mardy fept dudit
mois d'Aouft audit Chapitre de la Communauté, Maître Jean Benoift
Chapelain d'icelle au lieu & place du fieur Champion Chanoine à la plura-

lité des voix tant defdits Chanoines que Chapelains, & à ce que lefdits du Chapitre n'ayent à reconnoître autre Agent de la Communauté que ledit Benoift. Acte dudit Chapitre du 8. Avril 1639. fur ce que ledit fieur le Cha-ron Doyen auroit déchiré un autre Acte dudit Chapitre du Mardy prece-dent, qu'il vouloit faire enregiftrer, le Greffier ne s'y étant pas trouvé, contenant les raifons & proteftations tant defdits Doyen que defdits Cha-noines contre ledit Acte & enregiftrement d'iceluy. Cahier imprimé de plu-fieurs pieces dans lequel font Arrefts du Confeil pour les Semiprebendes de Saint Aignan & autres Benefices de ladite Eglife. L'Arreft, Statut, & les Lettres Patentes données pour l'Eglife Noftre-Dame de Paris en 1638. au bas de laquelle Requefte eft l'Ordonnance du Confeil du 15. Juillet 1675. foient ladite Requefte & Pieces reçuës & communiquées fans retardation, fi-gnifié auxdits Chapelains, Recteur & Suppofts de l'Univerfité de Paris le 22. dudit mois de Juillet. Requefte defdits Chapelains perpetuels fondez au Chœur & Communauté dudit S. Germain l'Auxerrois pour reponfes à celles defdits Chanoines du 15. dudit mois de Juillet, à ce qu'Acte leur foit donné de l'em-ploy qu'ils font de ladite Requefte, & ce qu'ils ont écrit, & produit au Pro-cès, enfemble les Pieces y mentionnées, & en confequence lefdits Chanoi-nes debouttez de l'Appel comme d'abus par eux interjetté des Tranfactions en forme d'Actes Capitulaires des 17. & 21. Aouft 1640. & declarer qu'il en a efté mal appellé & les condamner aux depens & à l'amende aux termes de l'Ordonnance; & faifant droit fur ladite Requefte, à fin de caffa-tion du Reglement general de 1621. ordonner que lefdits Chanoines en fe-ront deboutez, ledit Reglement confirmé pour eftre executé felon fa forme & teneur avec défenfes de plus reciviver au fujet de ladite affectation à peine de 3000. livres d'amende, & attendu les depenfes exceffives faites par lefdits Chapelains tant au Parlement qu'autres Jurifdictions, lefdits Chanoines foient condamnez en tous les depens, dommages & interefts des Inftances, au bas eft l'Ordonnance du premier Aouft 1675. la Requefte & Pieces communiquées fans retardation, fignifiées auxdits Doyen & Chanoi-nes le deux defdits mois & an. Cahier de Pieces, fçavoir, une Requefte prefentée au Confeil fur laquelle le fieur le Grand, Maître des Requeftes eft continué pour Rapporteur de l'Inftance d'entre ledit Recteur de l'Univer-fité d'une part & lefdits Chanoines & Chapelains d'autre, du 20. Aouft 1640. Autre Requefte defdits Recteur, Doyens & Suppofts de ladite Univer-fité du 7. Septembre 1640. pour y joindre un defiftement de Maître Jean Binet Vicaire Chorifte pourvû par ledit Chapitre de la Chapelle de S. Jean Baptifte, en faveur de René Chanu Gradué du 12. Aouft 1640. lefdits Actes Capitulaires des 17. & 21. Aouft 1640. L'Arreft du Confeil en confequence du 19. Avril 1641. fignifié auxdits Doyen, Chanoines & Chapitre affemblez à la Requefte defdits Recteur & Suppofts de l'Univerfité le 5. Juillet audit an. Factum imprimé pour lefdits Doyen, Chanoines & Chapitre dudit Saint

Germain & Maître Pierre Bourdin Preftre & Maître des Enfans de Chœur
de ladite Eglife pourvû de la Chapelle de S. Nicolas, Intimez & Défendeurs,
contre le Recteur de l'Univerfité de Paris, & Maître Jacques du Chevreüil
appellant comme d'abus tant du Statut Capitulaire de ladite Eglife du premier Aouft 1623. que de l'execution des Bulles des Papes Benoift XIII. &
Martin V. des . . . . . . Aouft 1404. & 5. Juillet 1424. & de la Provifion
faite de ladite Chapelle par ledit Chapitre du 29. Octobre 1627, & Pierre
de la Porte Intervenant & Défendeur. Autre Factum ou Memoire pour ledit Jacques du Chevreüil Bachelier en Theologie, Principal du College
d'Harcour, Profeffeur en Philofophie, Procureur, Syndic de l'Univerfité
de Paris, & Chapelain de la Chapelle S. Nicolas, & les Recteur, Procureurs
& Suppofts de ladite Univerfité, Défendeurs, contre le Chapitre & Chanoines de S. Germain l'Auxerrois à Paris, Demandeurs en Requefte fuivant
l'Arreft du 13. May 1633. Statut imprimé en Latin de la Collation des Benefices de l'Eglife de Paris du 9. Aouft 1638. Extrait des Actes & Conclufions
Capitulaires du Chapitre de l'Eglife dudit S. Germain l'Auxerrois du 2.
Juillet 1627. en continuation du Chapitre General du jour precedent, toutes
les voix prifes & colligées tant des Chanoines que des Chapelains de ladite
Communauté prefens audit Chapitre. Autre Extrait des Regiftres dudit
Chapitre de ladite Eglife de S. Germain du 27. Juillet 1640. tenu par les
Doyen & Chanoines d'icelle, auquel ayant efté fait remife de plufieurs jours
à divers Particuliers en confequence de graces tant par écrit que verballes,
& des fautes faites par les Vicaires, ledit fieur Doyen s'y feroit oppofé, comme
eftant ledit Acte contraire au Reglement general. Certificat & declaration
des Chanoines & Chapelains de la Communauté de ladite Eglife de S. Germain l'Auxerrois, tous Capitulans au Chapitre d'icelle du Refultat par
eux fait en faveur dudit fieur le Charon leur Doyen du premier Juillet 1627.
prefenté audit Official de Paris, le fuppliant d'en garder & maintenir les
Conclufions en leur force & vertu, fans avoir égard à la Requefte de quelques Particuliers contre ledit fieur Doyen & les Conclufions dudit Chapitre. Requefte prefentée audit Confeil par Louis Piettre, Preftre, Confeiller,
Aumônier & Predicateur Ordinaire de Sa Majefté, tendante à ce qu'il luy
plût ordonner que par maniere de provifion & fans prejudice du droit des
Parties au principal, la Sentence de recreance du 5. Septembre 1673. feroit
executée felon fa forme & teneur, & en confequence que ledit Piettre joui-
roit de la Chapelle S. Jacques fondée au Chœur de ladite Eglife S. Germain,
fruits, profits, émolumens & dépendances d'icelles, avec défenfes de l'y
troubler jufqu'à ce qu'autrement en eût efté ordonné ; au bas eft l'Ordonnance, Soit la Requefte communiquée aux Doyen, Chanoines & Vicaires
Choriftes, pour leurs Réponfes vûes, ou eux ouïs dans trois jours, eftre ordonné ce que de raifon, du 10. Février 1674. fignifiée ledit jour & an auxdits
Doyen, Chanoines, & auxdits Choriftes, avec Sommation d'y répondre.

Trois autres Sommations des 14. 15. & 16. dudit mois de Fev. de répondre la susd. Requeste dudit Piettre. Lettres de Tonsure dudit Piettre du 3. Avril 538. Provisions obtenues en Cour de Rome du 17. Mars 1672. de ladite Chapelle Saint Jacques par ledit Piettre sur la resignation de Thomas le Comte. Requisition faite auxdits Doyen, Chanoines & Chapitre de le mettre en possession de ladite Chapelle du 3. Juin 1672. ledit le Comte present, contenant la Réponse dudit Chapitre, qu'ils ne peuvent recevoir ledit Piettre, attendu qu'il y a des oppositions de la part dudit le Comte Chapelain, & des Vicaires de ladite Eglise, & que ses Titres, Capacitez & Provisions n'ont point esté communiquées, comme il se pratique d'ordinaire, ce que ledit Piettre auroit fait sur le Bureau, & representé sesdites Provisions, Lettres de Tonsure & de Prestrise ; & sur le refus dudit Chapitre, Acte de sa Prise de Possession à luy donné par un Notaire Apostolique. Arrest du Parlement de Paris du 28. Juillet 1672. par defaut contre lesdits Vicaires, Chantres & Choristes, par lequel Acte est donné audit le Comte de ce qu'il prenoit le fait & cause dudit Piettre, lesdits Vicaires Choristes deboutez de leur opposition, & lesdits Chanoines & Chapitre tenus d'installer ledit Piettre en ladite Chapelle, signifié auxdites Parties le 5. Aoust ensuivant. Sentence des Requestes du Palais du 5. Sept. 1673. contradictoirement rendue entre ledit le Comte & ledit Piettre, par laquelle sans prejudice du droit des Parties au principal, auroit esté ordonné que ledit Piettre joüiroit par forme de recreance de ladite Chapelle de S. Jacques, & ledit le Comte de la Prebende de S. Cloud, sans aucune charge de Pension, dont ledit Piettre seroit tenu de l'acquitter jusqu'à ce qu'autrement y eust esté pourvû, signifiée auxdits Chanoines & Chapitre, & audit le Comte le 20. desdits mois & an. Requisition dudit Piettre audit Chapitre de le recevoir & installer en ladite Chapelle en consequence de la susdite Sentence, & le refus dudit Chapitre, à cause des oppositions formées par les Vicaires Choristes, & ledit Turgot des 2. & 3. Octobre 1673. Requeste presentée audit Grand Conseil par lesdits Doyen, Chanoines & Chapitre, à ce qu'il leur fût permis d'y faire assigner ledit le Comte & autres qu'il appartiendroit, pour voir dire & ordonner que les Statuts, Bulles & Lettres Patentes du mois de Septembre 1673. seroient executées ; ce faisant, declarer la Resignation faite par ledit le Comte en faveur dudit Piettre de ladite Chapelle de Saint Jacques nulle, & en consequence de la declaration dudit le Comte, en cas qu'il y persiste, declarer ladite Chapelle vacante & impetrable, & ordonner qu'il y sera pourvû par ledit Chapitre Collateur ordinaire au plus ancien Vicaire de ladite Eglise, suivant lesdits Statuts, Bulles, Lettres Patentes, & Arrests ; & cependant défenses audit le Comte & tous autres de faire poursuites ailleurs qu'audit Grand Conseil pour raison de ladite Chapelle de S. Jacques, à peine de nullité, quinze cens livres d'amende. L'Ordonnance estant au bas, soient les Parties assignées en vertu & aux fins de ladite Requeste, & cepenlant défenfes de rien faire au préjudice de la Jurifdiction du Confeil du 12. Octobre 1672. Affignation donnée en confequence audit Piettre pour proceder fur ladite Requefte audit Grand Confeil du 16. Octobre enfuivant. Acte d'employ dudit Piettre de ce que lefdits Chapelains ont écrit & produit & autres, pour fatisfaire à l'Arreft du Confeil du 18. Novembre 1673. fignifié auxdites Parties le premier Janvier 1674. Requefte prefentée au Confeil par les Vicaires Choriftes de ladite Eglife S. Germain, à ce que fans voir égard à celle dudit Piettre du 10. dudit mois de Février 1674. dont il fera debouté, il foit inceffamment procédé au Jugement de la Requefte defdits Chapelains touchant le rapport defdites Lettres Patentes du mois de Septembre 1673. qui feront cependant executées felon leur forme & teneur, fignifiée le 16. Février 1674. Requefte prefentée audit Confeil par Thomas le Comte Preftre Chapelain de la Chapelle S. Jacques défervie au Chœur de ladite Eglife S. Germain, à ce que fans avoir égard à la Requefte prefentée par ledit Piettre, dont il fera debouté, il foit ordonné que ledit le Comte continuera la defferte de ladite Chapelle S. Jacques en attendant la décifion du differend des Parties; au bas eft l'Ordonnance, foit la Requefte communiquée auxdits Piettre, Turgot & auxdits Doyen, Chanoines de S. Germain du 10. Mars 1674. fignifiée audites Parties le 12. defdits mois & an. Requefte prefentée audit Confeil par lefdits Doyen, Chanoines & Chapitre dudit S. Germain, à ce qu'Acte leur foit donné de ce que pour Réponfes à la Requefte dudit Piettre du 10. Février 1673. ils employent leurdite Requefte, & qu'il foit ordonné, fans avoir égard à celle dudit Piettre, qu'il fera inceffamment procedé & paffé oûtre au Jugement de l'Inftance d'entre lefdits Doyen, Chanoines & Chapitre & les Chapelains de ladite Eglife. Signification de ladite Requefte audit Piettre du 24. dudit mois de Février. Plufieurs Certificats des Chapitres de Sens, Chartres, Orleans, Meaux, Reims, Soiffons, Noyon, Tours, Nantes, Vannes, Luçon, Aix, Moulins & Peronne des mois d'Octobre & Novemb. 1673. Imprimé d'Arreft du Parlement de Paris du 5. May 1664. par lequel l'affectation des douze Chapelles de l'Eglife de Laon aux Enfans de Chœur & de quatre autres Chapelles à leur Maître eft confirmée, fans que les pourvus d'icelles en puiffent difpofer au profit d'autres perfonnes. Bulle imprimée du Pape Clement VII. de l'an 1393. & deux Arrefts du Parlement de Paris des feiziéme Septembre 1653. & deux Decembre 1664. dans un même cahier, par lefquels un Maître de Mufique de l'Eglife de Soiffons eft maintenu en une des Chapelles de ladite Eglife contre un Gradué & un autre Maître de Mufique de la même Eglife, contre un Pourvû en Cour de Rome en confequence de ladite Bulle, & que lefdites Chapelles ne pourront eftre refignées ni conferées qu'aux Choriftes, Maître de Mufique & Enfans de Chœur. Copie d'Arreft dudit Parlement du 9. Mars 1624. par lequel une Sentence rendue par le Bailly de Vermandois touchant l'affectation des Chapelles de Noyon aux

Chantres Choriftes contre un Enfant de Chœur dudit Noyon, pourvû en Cour de Rome par refignation, les Chanoines & Chapitre intervenans, auroit efté confirmée & ledit Vicaire maintenu. Arreft du Parlement de Rennes du 2. Decembre 1645. qui confirme l'affectation faite par le Chapitre de Nantes des Chapelles de ladite Eglife aux Choriftes d'icelle. Arreft du Grand Confeil du 20. Février 1663. auffi confirmatif de l'affectation defdites Chapelles de l'Eglife de Nantes faite aux Choriftes d'icelle par ledit Chapitre. Autre Arreft dudit Parlement de Rennes du 12. Juillet 1635. par lequel l'affectation faite par le Chapitre de Vannes aux Choriftes de certains Benefices appellez Archipreftres a efté confirmée. Cahier de Statuts Capitulaires, Bulles, Lettres Patentes & Arrefts du Parlement de Paris, concernant la divifion de fix Prebendes Sacerdotales de l'Eglife de Clermont en douze Semiprebendes affectées à des Preftres nourris & élevez au Chant, Office & Ceremonies d'icelle des 12. Octobre 1645. & 4. May 1656. Imprimé d'Arreft du Grand Confeil du 13. Avril 1657. confirmatif de l'affectation des Benefices, & enjoint au Chapitre & Chanoines d'Aix de les conferer aux plus anciens Serviteurs de ladite Eglife & mieux inftruits aux Ceremonies d'icelle & en la Mufique. Traité fait entre lefdits Piettre & le Comte pardevant Notaires au Chaftelet de Paris du 25. Février 1672. de ladite Chapelle S. Jacques contre une autre Chapelle de Sainte Catherine en la ville de Beauvais paifible à paifible, & à la referve par ledit le Comte d'une penfion de 500. livres par chacun an fur ladite Chapelle de Saint Jacques, attendu fon grand âge, & qu'il n'a autre chofe pour vivre. Imprimé de l'Edit du mois de Juin 1671. portant Reglement pour la retention des Penfions fur les Benefices qui requierent refidence, & par lequel defenfes font faites de refigner des Cures ou Prebendes ordinaires ou Theologales avec referve de Penfions finon du tiers, & après les avoir défervies quinze ans, outre & pardeffus la fomme de 300. livres qui demeurera aux Titulaires, & fi ce n'eft pour caufe de maladie ou infirmitez, fans que lefdites Penfions puiffent exceder le tiers du revenu & fans diminution ni retranchement de la fomme de 300. liv. qui demeurera aux Titulaires franche de toutes charges, & fans auffi comprendre le Cafuel & Creux de l'Eglife, qui appartiendront à ceux qui feront Curez, & les diftributions manuelles aux Chanoines. Enregiftrement dudit Edit au Parlement & Grand Confeil les 13. & 21. Juillet audit an. Autre Imprimé de la Declaration du Roy du 9. Decembre 1673. en interpretant le fufdit Edit pour toutes les autres Dignitez, Perfonats, Semiprebendes, Vicaireries, Chapelles, & autres Benefices des Eglifes Cathedrales & Collegiales qui requierent refidence; enregiftré audit Grand Confeil le 24. defdits mois & an. Oppofition des Vicaires Choriftes dudit Saint Germain du 17. May 1672. à la Prife de poffeffion de ladite Chapelle par ledit Piettre, contenant leurs movens & raifons, & principalement à caufe de ladite Penfion de cinq cens livres excedant de beaucoup les gros Fruits de ladite

Chapelle qui n'a pas efté deffervie par ledit le Comte le temps neceffaire, & qui ne peut eftre refignée qu'au plus ancien Vicaire Chorifte: Compulfoire obtenu par ledit Turgot de deux Actes paffez pardevant Notaires audit Châtelet le 17. Juin 1672. l'un pour l'extinction de ladite penfion de 500. liv. & l'autre pour refigner audit le Comte une Prebende dont jouïffoit ledit Piettre à S. Cloud, ledit Compulfoire du 21. Fevrier 1674. & le Procès-verbal fait en conféquence des 26. & 27. defd. mois & an, contenant l'empêchement dud. Piettre jufqu'à ce que ledit Turgot ait fatisfait à l'Ordonnance & donné caution, les défenfes dud. Turgot, & fes proteftations fur le refus du Notaire à caufe dud. empêchement. Imprimé de Factum pour Mᵉ. Nicolas Thibout Prêtre Chanoine de S. Thomas du Louvre deffendeur, contre ledit Piettre cy-devant Curé de Villiers & de Bondy dévolutaire & demandeur. Provifions obtenuës en Cour de Rome du 27. Sept. 1672. de lad. Chapelle S. Jacques par ledit Turgot avec claufe de devolut. *Vifa* du fieur Archevefque de Paris du 19. Septembre 1673. fur lefdites Provifions & l'Acte de prife de poffeffion par luy faite en conféquence de ladite Chapelle S. Jacques du 26. defdits mois & an. Requefte prefentée par ledit Turgot aux Requeftes du Palais, à ce qu'il fût reçû Partie intervenante en l'Inftance d'entre lefdits Piettre & le Comte, & faifant droit fur fon intervention maintenu & gardé en la jouïffance de ladite Chapelle S. Jacques avec reftitution de fruits, deffenfes aux-dits Piettre & le Comte de l'y troubler, à peine de 500. livres d'amende, depens, dommages & interefts, & Acte de ce que pour moyens d'intervention il employe le contenu en ladite Requefte & les pieces dont leur fera baillé copie, fignifiée le 28. Septembre 1673. Requefte prefentée audit Confeil par les Vicaires Choriftes de l'Eglife Royale de S. Germain l'Auxerrois, à ce qu'Acte leur foit donné de ce qu'ils employent pour production qu'ils pourroient faire pour établir leur precedente Requefte, les Pièces qui font rapportées par ledit Chapitre & les moyens y énoncés, & en conféquence fans avoir égard aux Requeftes defdits Chapelains, Duval, Caron & Piettre, les Parties renvoyées audit Grand Confeil pour y proceder en execution des Lettres Patentes qui y ont efté enregiftrées. Signification de ladite Requefte auxdites Parties du 9. Mars 1674. Autre Requefte prefentée audit Confeil par ledit Piettre, à ce qu'en conféquence de l'Arreft dudit Confeil du 18. Novembre 1673. portant évocation de l'Inftance d'entre les Parties audit Confeil, Maître François le Maître jouit actuellement de fes Benefices dont il prend même les qualités par l'Exploit qu'il luy a fait donner du 14 Avril 1674. & que par les articles 9. & 10. du titre 15. du poffeffoire des Benefices de l'Ordonnance de 1667. il eft porté en termes precis que les Sentences de recreance feroient executées nonobftant oppofitions ou appellations quelconques, même avant qu'il foit procedé fur la plainte maintenuë; & en prononçant fur les Requeftes defdits Chanoines, le Comte, Turgot & Vicaires Choriftes, il fût ordonné que la Sentence de re-

creance obtenue par ledit Piettre aux Requeſtes du Palais de ladite Chapelle
Saint Jacques feroit executée aux termes de l'Ordonnance, avec deffenſes de
l'y troubler dans les fruits , profits , revenus & émolumens , & ledit le
Maître condamné aux depens ; au bas eſt l'Ordonnance du Conſeil, ait Acte,
& au ſurplus en jugeant du 2 0. Avril 1 6 7 4 ſignifié audit le Maître le
2 2. deſdits mois & an. Copie de la Sentence des Requeſtes du Palais du 1 6.
Mars 1 6 7 4. obtenue par deffaut par ledit François le Maître Chanoine de
l'Egliſe de S. Cloud, par laquelle il luy eſt permis de pourſuivre la proce-
dure faite par ledit le Comte contre ledit Piettre auxdites Requeſtes du Palais pour raiſon de ladite Chapelle. Signification de ladite Sentence audit
Piettre avec aſſignation donnée en conſequence auxdites Requeſtes du Palais du 1 4. Avril audit an. Autre Requeſte deſdits Vicaires Choriſtes de ladite Egliſe S. Germain l'Auxerrois, ſervant de réponſe à celle deſdits Chapelains du 1 1. May 1 6 7 4. & de production qu'ils pourroient faire en l'Inſtance
qu'ils employent, enſemble les Requeſtes , Ecritures & Pieces produites
par ledit Chapitre , à ce qu'en conſequence & ſans avoir égard aux Requeſtes deſdits Chapelains & à celles de Charles Duval & Louis Piettre
prétendus Reſignataires, il ſoit ordonné que les Statuts, Bulles , Lettres Patentes & Arreſts qui regardent l'affectation deſdites Chapelles en faveur deſdits Vicaires Choriſtes ſeront executez ſelon leur forme & teneur ; ce faiſant
ledit Turgot maintenu en la poſſeſſion & jouïſſance de la Chapelle de Saint
Jean-Baptiſte vacante par le decès de Maître Germain de Romecan dont
il a eſté pourvû comme plus ancien Vicaire Choriſte, & à l'égard de celle
qui eſt poſſedée par Maître Thomas le Comte, en cas qu'il ſoit jugé qu'il s'en
ſoit rendu indigne par les Traitez qu'il a faits avec ledit Piettre , qu'elle ſera
conferée au plus ancien des Vicajres Choriſtes, & leſdits Chapelains, Duval
& Piettre condamnez aux depens, au bas eſt l'Ordonnance , ait Acte, & au
ſurplus en jugeant du 2 1. Juin 1 6 7 4. ſignifiée leſdits jours & an. Autre Requeſte dudit Jacques Turgot par laquelle il employe le contenu en icelle, enſemble les Pieces qu'il a déja produites & celles rapportées par leſdits du
Chapitre de S. Germain en ce qui le regarde en l'Inſtance & en conſequence
& à ce que ſans avoir égard aux Requeſtes deſdits Chapelains, Duval , Piettre & Caron il ſoit ordonné que les Statuts, Bulles , Lettres Patentes & Arreſts concernans l'affectation deſdites Chapelles auxdits Vicaires Choriſtes,
ſeroient executés ſelon leur forme & teneur ; ce faiſant le maintenir & garder en l'une des Chapelles contentieuſes, & ordonner que l'autre ſera conferée au plus ancien Vicaire Choriſte de ladite Egliſe, & leſdits Chapelains,
Duval & Piettre condamnez aux depens. Au bas de laquelle Requeſte eſt
l'Ordonnance , ait Acte , & au ſurplus en jugeant du 2 1. Juin 1 6 7 4. Signification de ladite Requeſte auxdites Parties deſdits jour & an. Requeſte preſentée audit Conſeil par François le Maître Soûdiacre du Dioceſe de Paris,
à ce qu'à faute par ledit Piettre d'avoir déchargé la Prebende dont il eſt

pourveu

pourveu de la penfion dont elle fe trouve chargée depuis la Sentence des
Requeftes du Palais, & fuivant les offres qu'il en avoit faites lors de la plai-
doirie fur laquelle ladite Sentence eft intervenuë, il foit maintenu en qualité
de fubrogé dudit le Comte, & eftant en fes droits dans la poffeffion & joüiffance de ladite Chapelle de S. Jacques deffervie au Chœur de S. Germain,
avec reftitution de fruits & dépens, aux offres qu'il fait de remettre & refigner audit Piettre ladite Chanoinie de S. Cloud, enfemble ladite Chapelle de Beauvais dont il eft encore pourveu; l'Ordonnance eftant au bas
de ladite Requefte, en jugeant feroit fait droit, & foit fignifié fans retardation, du 18. Juillet 1674. Signification de ladite Requefte & Ordonnance
audit Piettre du 19. defdits mois & an. Acte par lequel ledit le Maître protefte
de nullité de la Requefte dudit Piettre du 20. Avril 1674. jufqu'à ce qu'il luy
eût efté donné copie dudit Arreft du Confeil du 18. Novembre 1673. qui
évoque l'Inftance des Requeftes du Palais audit Confeil du 26. Avril 1674.
Autre Requefte dudit Louis Piettre, à ce qu'Acte luy foit donné de ce qu'il
employe le contenu en icelle avec les conclufions par luy prifes en l'Inftance & tout ce qu'il a écrit & produit contre celle dudit le Maître du 19.
Juillet lors dernier, de laquelle il feroit debouté avec dépens. L'Ordonnance
eftant au bas d'icelle du 21. defdits mois & an, ait Acte & au furplus en jugeant
fans retardation & foit fignifié. Extrait des partages faits entre ledit Piettre,
fes freres & fœurs des biens de Pierre Piettre leur pere du 14. Juillet 1648. &
autres jours fuivans pardevant le Commiffaire Gavy. Bail fait par Loüis Piettre le 6. Septembre 1665. d'un tiers de maifon à luy appartenant aux Halles
de Paris à Gilles Marchand Tapiffier, moyennant 666. livres 13. fols 4. den.
pour ledit tiers par chacun an. Autre Requefte préfentée audit Confeil par
ledit François le Maître, pourveu de la Chapelle de S. Jacques au Chœur de
ladite Eglife de S. Germain, fur la refignation dudit Maître Thomas le
Comte, à ce qu'Acte luy foit donné de ce qu'il employe le contenu en icelle pour réponfe à la Requefte dudit Piettre du 7. dudit mois d'Aouft. L'Ordonnance eftant au bas, ait Acte, & au furplus en jugeant, & foit fignifié fans
retardation du 27. Aouft 1674. fignifié le 28. defdits mois & an. Autre Requefte préfentée audit Confeil par ledit le Maître Soufdiacre du Diocefe de
Paris, pourveu d'une Chanoinie & Prebende en l'Eglife de S. Cloud & de la
Chapelle de faint Jacques au Chœur de ladite Eglife de faint Germain, à
ce qu'il pût produire par production nouvelle la fommation qui luy a
efté faite à la requefte de Maître Philippes Defquoys le 10. Janvier 1675. la
Requefte préfentée par ledit Maître Loüis Piettre au Parlement en confequence des faifies dudit Defquoy fur fes biens au moyen de la réponfe que
ledit le Maître fit à la fommation, l'appointement offert fur cette Requefte
& la fommation de communiquer au Parquet pour la reception du mefme
appointement des 5. & 7. Mars 1675. Les offres dudit le Maître audit Piettre
qu'il a cy-devant faites de remettre les Benefices qu'il a donnez en permu-

N

tation de ladite Chapelle S. Jacques à Maître Thomas le Comte, & au furplus luy adjuger les conclufions par luy prifes, au bas de laquelle eft l'Ordonnance du Confeil du 22. Avril 1675. foient les pieces receuës & d'icelles donné copies fans retardation. Signification de ladite Requefte & Ordonnance audit Piettre du 23. defdits mois & an. Requefte dudit Piettre pour réponfe à la fufdite dudit le Maître & à ce que fes conclufions luy foient adjugées. Autre Requefte dudit Maître Louis Piettre, à ce qu'il luy foit permis d'ajoûter à fa production le Contraĉt par luy fait le 23. Janvier lors dernier, avec les Adminiftrateurs de l'Hofpital des Enfans Trouvez, par extrait & fur le chef concernant l'affeĉtation par luy faite de la fomme de fix-vingts livres pour la penfion prétenduë par le nommé Defquoys, & à ce qu'Aĉte luy foit donné de ce qu'il employe ce qu'il a cy-devant écrit & produit, & en confequence luy adjuger fes conclufions avec dépens & reftitution de fruits depuis le jour de fa prife de poffeffion, l'Ordonnance eftant au bas de ladite Requefte du 27. Février 1676. foit la Requefte & Pieces communiquées fans retardation, fignifiée audit le Maître le 28. defdits mois & an. Extrait dudit Contraĉt en forme de donation faite par ledit Piettre audit Hofpital des Enfans Trouvez, pardevant Ferret & Moufle Notaires audit Chaftelet de Paris dudit jour 23. Janvier 1676. Autre Requefte dudit Maître Loüis Piettre, à ce qu'Aĉte luy foit donné des declarations & offres qu'il fait par icelle, & qu'il luy foit permis pour en juftifier de joindre à ladite Inftance fix pieces, & fes fins & conclufions adjugées avec reftitution de fruits depuis le jour de fa prife de poffeffion en ladite Chapelle S. Jacques, au bas de laquelle Requefte eft l'Ordonnance du 9. Mars 1676, la Requefte & Pieces receuës, fauf à en prendre communication par les mains du fieur Rapporteur fans retardation, fignifiée le 11. defdits mois & an. Bail de la Chapelle de fainte Catherine de Beauvais du 12. Juin 1668. paffé pardevant Moufle & fon Compagnon Notaires audit Chaftelet, à raifon de 100. livres par chacun an. Reconnoiffance de Maître Thomas le Comte du 30. Avril 1672. que ledit Bail luy a efté remis entre les mains. Procuration dudit Defquoys, paffée pardevant Bru & Monnier Notaires au Chaftelet du 4. Mars 1676. entre lefdits Defquoys & Piettre pour l'extinĉtion de la penfion creée en fa faveur fur une Prebende de S. Cloud. Certificat du Banquier Expeditionnaire en Cour de Rome du 7. dudit mois de Mars, comme il a envoyé ladite Procuration pour l'extinĉtion de ladite penfion. Arreft du Parlement de Paris du 9. dudit mois de Mars, portant homologation du Concordat fait entre lefdits Piettre & Defquoys pour l'extinĉtion de ladite penfion. Sommation faite audit le Maître, le Comte & autres, dudit jour 9. Mars à la requefte dudit Piettre de fe rendre le lendemain huit heures du matin chez un Notaire Apoftolique pour convenir & paffer Aĉte de cautionnement par ledit Piettre de la fomme de 100. livres par chacun an du revenu de ladite Chapelle de fainte Catherine de Beauvais. Projet dudit Aĉte dreffé en prefence defdites Par-

ties par ledit Notaire Apoſtolique du 6. dudit mois de Mars, enſuite eſt la
Sommation de le paſſer inceſſamment audit le Maître, & le refus par luy fait.
Autre Requeſte preſentée audit Conſeil par ledit Gilles de la Foſſe Prêtre
Licentié en Theologie de la Faculté de Paris, à ce qu'Acte luy ſoit donné de
ce que par icelle il adhere aux concluſions priſes par ledit Piettre pour raiſon du poſſeſſoire de ladite Chapelle de S. Jacques, comme ſubrogé à ſes
droits au moyen de la reſignation qui luy en a eſté faite par ledit Piettre, &
de ce que pour production il employe, avec les pieces attachées à ladite Requeſte, tout ce qui a eſté dit & produit par ledit Piettre, leſdits Chapelains, l'Univerſité de Paris, leſdits Doyen, Chanoines, Vicaires Choriſtes & autres Parties en l'Inſtance, & en conſequence qu'il ſoit maintenu
& gardé en la poſſeſſion & jouïſſance de ladite Chapelle, droits, profits, revenus & émolumens avec reſtitution de fruits depuis l'empeſchement à luy
fait le 2. Janvier lors dernier, & leſdits Doyen, Chanoines & Chantres
Choriſtes & autres pretendans à ladite Chapelle, en tous ſes dépens dommages & intereſts, au bas de laquelle eſt l'Ordonnance du 11. Janvier 1675.
ait Acte, & au ſurplus en jugeant ſera fait droit ſans retardation, ſignifiée aufdits Chanoines & Chapitre leſdits jour & an. Lettres de Tonſure dudit Gilles de la Foſſe du 2. Avril 1636. Procuration *ad reſignandum* pour cauſe de
permutation de ladite Chapelle de S. Jacques dudit Maître Louis Piettre
contre la Chapelle de l'Aſſomption, de S. Jean & de ſainte Catherine dont
eſtoit Titulaire & paiſible poſſeſſeur ledit de la Foſſe, du 17. Decembre 1674.
Procès verbal du 18. dudit mois de Decembre du refus fait par leſdits Doyen
& Chanoines dudit S. Germain d'inſtaller & mettre en poſſeſſion ledit Gilles
de la Foſſe de ladite Chapelle de S. Jacques ſur ladite Procuration, contenant ſes proteſtations contre ledit refus. Proviſions deſdits jour & an de ladite Chapelle de S. Jacques accordées ſur ledit refus par le ſieur Archeveſque de Paris audit Gilles de la Foſſe. Sommation faite en conſequence à la
requeſte dudit de la Foſſe au nommé le Mas Clerc du Chœur de S. Germain,
à ce qu'il eût à faire ouverture des portes d'iceluy pour l'y inſtaller en la maniere accoûtumée, & le refus dudit le Mas du 20. dudit mois de Decembre
& la priſe de poſſeſſion ſur ledit Benefice par ledit Gilles de la Foſſe deſdits
jour & an. Signification & dénonciation deſdites pieces & priſe de poſſeſſion auſdits Doyen, Chanoines & Chantre dudit S. Germain avec proteſtation dudit de la Foſſe de ſe preſenter inceſſamment au Chœur de ladite Egliſe
revêtu des draps en la maniere accoûtumée pour y deſſervir ſadite Chapelle
comme ſes autres Confreres, & en cas d'empeſchement de repeter les
fruits d'icelle avec dépens dommages & intereſts. Autre procès verbal de
refus fait audit de la Foſſe de le recevoir au Chœur de ladite Egliſe par leſdits Doyen & Chantre d'icelle du 2. Janvier 1675. Sentence contradictoire
des Requeſtes du Palais du 9. Avril 1675. entre leſdits Gilles de la Foſſe &
Piettre ſur les permutations reſpectives de leurſdites Chapelles, par laquelle

N ij

auroit efté ordonné qu'ils demeureroient chacun à leur égard en la poffeffion & jouiffance defdits Benefices permutez fans prendre de nouvelles provifions. ni poffeffion d'iceux, fignifée le 30. dudit mois d'Avril. Requefte prefentée audit Confeil par Maître François Chaperon Maître des Enfans de Chœur & Vicaire Chorifte de ladite Eglife de Saint Germain l'Auxerrois & Chapelain de la Chapelle de Noftre-Dame de S. Jean fondée en ladite Eglife, à ce qu'il fût ordonné que fuivant & conformément aux Arrefts du Confeil des 2 Mars & 20. Avril 1671. & 18. Novembre 1673. il feroit déchargé de l'affignation à luy donnée à la requefte d'Ambroife Benoift au Chaftelet de Paris par Exploit du 13. Decembre 1674. & pour éftre fait droit fur le poffeffoire de ladite Chapelle les Parties renvoyées au grand Confeil en execution de l'Arreft du dernier Mars 1621. & Lettres Patentes du mois de Septembre 1673. qui y ont efté enregiftrées & ledit Benoift condamné aux dépens, au bas de laquelle eft l'Ordonnance du Confeil du 17. dudit mois de Decembre 1674. foit la Requefte communiquée audit Benoift pour luy oüy, ou fa réponfe veue, eftre ordonné ce que de raifon. Signification de ladite Requefte audit Benoift du 19. defdits mois & an. Autre Requefte defdits Chapelains perpetuels fondez au Chœur de ladite Eglife de S. Germain, à ce qu'Acte leur fût donné de ce qu'ils prennent le fait & caufe dudit Ambroife Benoift, & de ce qu'ils adherent aux conclufions par luy prifes audit Chaftelet de Paris contre les Doyen, Chanoines, Vicaires Choriftes & ledit Chaperon & autres, comme auffi de ce que pour production ils employent tout ce qu'ils ont écrit & produit en l'Inftance pour raifon des Refignations, Permutations & Graduez tant en general qu'en particulier avec tout ce qui a efté produit & dit & le fera cy-après par toutes les Parties en tant que fervir leur pourra & non autrement, avec deffenfes aufdits Doyen, Chanoines, Vicaires Choriftes & autres de proceder ailleurs qu'audit Confeil pour raifon de ce, & les condamner en tous les dépens dommages & interefts tant dudit Benoift que defdits Chapelains, l'Ordonnance eftant enfuite ait Acte, & au furplus en jugeant & foit fignifiée fans retardation du 29. Decembre 1674. fignifié le 9. Janvier 1675. Requefte prefentée audit Confeil par Ambroife Benoift Clerc du Vicariat de Pontoife Diocefe de Rouen & Chapelain de la Chapelle de de Nôtre-Dame de S. Jean fondée au Chœur de ladite Eglife de SaintGermain l'Auxerrois, à ce qu'attendu qu'il eft legitimement pourveu de ladite Chapelle, que ledit Chaperon n'y a aucun droit, & qu'il a eu avis que lefdits Chapelains ont pleinement juftifié en l'Inftance le droit qu'ils ont de refigner & permuter leurs Chapelles à toutes perfonnes Choriftes ou non, confirmé par une infinité de Sentences & Arrefts de toutes Cours rapportez, certifié d'une poffeffion continuelle de plus de deux fiecles, nonobftant les prétendues Bulles, Actes Capitulaires & Lettres Patentes évidemment fubreptices & obreptices alleguées par lefdits Chanoines, & que d'ailleurs ledit Benoift a auffi appris qu'il y a femblable conteftation entre les nommez Piettre &

Duval Refignataires des Chapelles S. Jacques & S. Jean contre lefdits Doyen, Chanoines & Chantres Vicaires, l'Univerfité de Paris, & lefdits Chapelains dudit S. Germain prenant leur fait & caufe, il plût luy donner Acte de ce qu'avec les pieces attachées à ladite Requefte, il employe le contenu en icelle, avec ce qui a efté dit, écrit & produit tant par lefdits Chapelains, Piettre, Duval, & l'Univerfité de Paris, que par lefdits Doyen, Chanoines, Chorifles, Chaperon & autres Parties en l'Inftance en ce que fervir luy peut & non autrement, en confequence le maintenir & garder en la poffef- fion de ladite Chapelle fruits, profits, revenus & émolumens, avec deffenfes aufdits Chanoines, Chaperon & autres de l'y troubler, les condamner en fes dommages, interefts & dépens avec reftitution des fruits du jour de fa prife de poffeffion, attendu l'empefchement fait par lefdits Chanoines, & aux dépens de l'Inftance. L'Ordonnance eftant au bas, ait Acte de l'employ & au furplus en jugeant fera fait droit, & foit fignifié fans retardation du quatriéme Janvier mil fix cent foixante-quinze. Signifié le neuviéme defdits mois & an. Demiffoire donné audit Benoift par le grand Vicaire de l'Ar- chevefché de Rouen à Pontoife, du onziéme Juin 1672. Lettres de Tonfure dudit Benoift du douziéme dudit mois de Juin. Procuration du 5. Cto- bre audit an paffée par Jean Benoift Chapelain de ladite Chapelle Noftre- Dame & S. Jean au Chœur S. Germain *ad refignan um* au profit dudit Ambroife-Benoift Clerc Tonfuré dudit Vicariat de Pontoife. Provifions obtenuës en confequence en Cour de Rome de ladite Chapelle par ledit Ambroife Benoift du 27. dudit mois d'Octobre. *Vifa* dudit fieur Archevé- que de Paris fur lefdites Provifions du 9. Mars 1673. Procés verbal du 27. Novembre 1674. fait par le Vaffeur & de Blois Notaires Apoftoliques fur le refus fait par lefdits Chanoines de vouloir inftaller ledit Ambroife Be- noift, & mettre en poffeffion de ladite Chapelle, & la réponfe defdits Cha- noines, qu'ils n'avoient pas le temps de faire Affemblée, & qu'ils s'en alloient à la Ville pour leurs affaires particulieres. Autre Procès verbal fait par les Notaires Apoftoliques du 4. Decembre audit an 1674. fur le refus defdits Chanoines de recevoir ledit Ambroife Benoift au Chœur de ladite Eglife, s'y eftant prefenté en habit ordinaire pour y affifter. Sommation à luy faite par lefdits Chantre, & Chanoines de fe retirer, réiterée par le Commiffai- re Galleran à la requefte defdits Chanoines, ou qu'ils ne feroient point le Service. Enfuite eft la fignification dudit Procès verbal aufdits Chanoines en parlant audit Chantre defdits jour & an. Autre Requefte prefentée au- dit Confeil par ledit François Chaperon à ce qu'Acte luy foit donné de ce que pour production qu'il pourroit faire fur l'Inftance de complainte d'entre luy & ledit Benoift il employe le contenu en icelle. Sa Lettre de Tonfure du 18. Septembre 1648. Un Acte dudit Chapitre de S. Germain du 20. Avril 1650. portant permiffion audit Chaperon de porter les draps dans le Chœur de ladite Eglife ayant efté Enfant dudit Chœur, & qu'il luy feroit donné cent livres pour cet effet. Provifions de ladite Chapelle audit Chaperon par lefdits Doyen & Chanoines du 4. Decembre 1674. & Procès verbal dudit jour fait par le Commiffaire Galleran de l'intrufion dudit Benoiſt. Inſtallation par leſdits de Chapitre & priſe de poffeſſion dudit Chaperon de ladite Chapelle. Affignation donnée au Chaſtelet de Paris audit Chaperon à la requeſte dudit Benoiſt ſur le poffeſſoire de ladite Chapelle du 13. Decembre 1674. Certificat dudit Fortin Chanoine de ladite Eglife de S. Germain du 17. Decembre 1674. qu'il a donné le Viatique, & adminiſtré l'Extrême-Onction audit feu Maître Jean Benoiſt, le 26. Novembre audit an. L'Ordonnance eſtant au bas de ladite Requeſte ait Acte, ſoient les pieces communiquées ſans retardation du 14. Aouſt 1675. ſignifiée le 20. deſdits mois & an audit Benoiſt. Autre Requeſte preſentée audit Conſeil par ledit Jacques Turgot Prêtre plus ancien Vicaire Choriſte de ladite Eglife de S. Germain, pourveu de ladite Chapelle de Noſtre-Dame S. Jean deſervie au Chœur d'icelle, à ce que pour les cauſes y contenuës, il fût receu Partie intervenante en l'Inſtance de complainte de ladite Chapelle, & luy donner Acte de ce que pour moyens d'intervention il employe le contenu en icelle avec les pieces y jointes, ſçavoir l'Acte de requiſition par luy faite audit Chapitre S. Germain de ladite Chapelle dudit jour 4. Decembre 1674. attendu qu'il ne jouit pas des Chapelles S. Jean & de S. Jacques fondées en ladite Eglife, dont il a eſté pourveu, & la réponſe dudit Chapitre, qu'il ne peut avoir égard à ſa demande, attendu les Provifions deſdites Chapelles qu'il luy a données, ſauf à ſe pourvoir ainſi qu'il aviſera bon eſtre. Provifions de ladite Chapelle audit Turgot par le ſieur Archevefque de Paris, *jure devoluto* ſur le refus dudit Chapitre du 19. Fevrier 1675. Priſe de poffeſſion de ladite Chapelle par ledit Turgot, le neuviéme Mars enſuivant. Acte Capitulaire dudit Chapitre du 19. Juillet 1653. par lequel ledit Turgot eſt receu pour Vicaire au Chœur de ladite Eglife. Acte de reception audit Chapitre dudit François Chaperon pour Vicaire au Chœur de ladite Eglife, & Maître des Enfans de Chœur d'icelle, du premier Octobre 1660. & en conſequence qu'il ſoit maintenu & gardé en la poffeſſion & jouiſſance de ladite Chapelle, fruits, profits, revenus & émolumens, avec défenfes audit Ambroife Benoiſt, Chaperon & tous autres de l'y troubler, & les condamner en tous les dépens, dommages & intereſts. L'Ordonnance dudit Conſeil du 17. Aouſt 1675. receu Partie intervenante, Acte de l'employ, & au ſurplus en jugeant ſans retardation, & ſoit ſignifié. Signification de ladite Requeſte audit Benoiſt du 20. dudit mois d'Aouſt. Autre Requeſte dudit Ambroife Benoiſt, ſervant de réponſe à la ſuſdite Requeſte du 17. Aouſt 1675. & à ce qu'Acte luy ſoit donné de ce qu'il employe le contenu en icelle avec ce qui a eſté écrit & produit tant pour luy que par leſdits Chapelains Parties intervenantes en ladite Inſtance; & en conſequence luy adjuger les fins & concluſions par luy priſes avec dépens. L'Ordonnance eſtant au bas portant, ait Acte & au ſurplus en jugeant ſans retardation du 21. Février 1676. fignifié audit Chaperon & Turgot le 22. dudit mois & an. Autre Requefte prefentée audit Confeil par ledit Turgot, fervant de Réponfe à ladite Requefte dudit Benoift du 21. Février, & à ce qu'Acte luy foit donné de ce qu'il employe le contenu en icelle, avec Extrait Baptiftaire dudit Ambroife Benoift du 27. Mars 1657. & en confequence qu'il foit maintenu & gardé en la poffeffion & jouïffance de la Chapelle dont eft queftion ; l'Ordonnance du Confeil eftant enfuite, ait Acte, & au furplus en jugeant fans retardation, & foit fignifié. Signification de ladite Requefte auxdits Chapelains & Benoift du 29. Février 1676. avec copie dudit Extrait Baptiftaire. Requefte defdits Doyen, Chanoines & Chapitre dudit S. Germain l'Auxerrois, à ce qu'en procedant au Jugement de l'Inftance d'entre les Parties pour éviter le fcandale qui pourroit arriver , il fût ordonné que ledit Vicaire Perpetuel & Chapelains ne pourront prétendre leurs feances au Chœur de ladite Eglife tant du côté droit que du côté gauche qu'à la onze & douze haute Chaire, & qu'où il y auroit des Chanoines Honoraires lefdits Vicaire Perpetuel & Chapelains feront tenus de fe retirer, en telle forte que lefdits Chanoines Honoraires foient placez, & que les hautes Chaires des hauts Vicaires prepofez & commis par le Chapitre pour officier en l'abfence ou empêchemens defdits Chanoines qui font en femaine, leur demeureront affectées, & ne pourront eftre occupées par lefdits Chapelains ; & qu'aux Convois & Services qui fe feront au Chœur de ladite Eglife, lefdits Vicaire Perpetuel & Chapelains ne pourront occuper aucunes des hautes Chaires tant du côté droit que du côté gauche, qu'après que tous lefdits Chanoines Titulaires & Honoraires feront placez ; défenfes à Nicolas de la Foffe & autres Chapelains d'y troubler lefdits Chanoines, & pour par ledit Nicolas de la Foffe avoir fait & commis les fcandales énoncez en ladite Requefte, le condamner en telle amende qu'il fera jugé à propos, & aux dépens ; au bas de laquelle eft l'Ordonnance en jugeant, fera fait droit & foit fignifié fans retardation du 25. Juin 1674. fignifiée le 27. defdits mois & an. Acte Capitulaire dudit S. Germain du 1. Aouft 1409. par lequel fur ce que le Chantre de ladite Eglife fe feroit trop long-temps abfenté, il auroit efté arrefté qu'il feroit admonefté de refider, & prendre fa feance dans la troifiéme Place du Chœur du côté gauche comme il auroit promis, & fuivant l'ufage ordinaire. Autre Acte dudit Chapitre du 14. Juin 1491. & inftallation d'un Chantre de ladite Eglife en la troifiéme Chaire à gauche fans aucune conteftation. Sentence de l'Officialité de Paris du 19. Avril 1614. par laquelle eft ordonné que le Vicaire Perpetuel & fes fucceffeurs dans ladite Eglife de Saint Germain feront tenus les jours de Feftes d'affifter au Service Divin & Proceffions en la place accoutumée d'ancienneté au Chœur d'icelle immediatement après le dernier Chanoine. Sentence de Primatie de Lyon le 18. Avril 1624. fur l'appel interjetté par Maître Nicolas de Netz Vicaire Perpetuel de ladite Eglife de la fufdite Sentence de l'Official de Paris, & confirmation d'icelle.

Jugement du 29. Janvier 1627. rendu par le sieur Archevêque de Paris, dans laquelle les places du Chantre de ladite Eglise de Saint Germain est marquée en certains jours en la place la plus éminente, & aux autres proche du plus ancien Chanoine du côté gauche. Memoire signé Colombet Prestre & Vicaire Perpetuel de ladite Eglise Saint Germain, sans datte, presenté au sieur Archevêque de Paris, suivant son ordre, & touchant les Places dans le Chœur de ladite Eglise, & ce qu'il y a vû pratiquer depuis près de quarante ans que son frere predecesseur & luy ont esté Curez de ladite Eglise. Réponse dudit Chapitre signée Chapelier Agent d'iceluy au susdit Memoire dudit Colombet Vicaire Perpetuel de ladite Eglise, à ce qu'il prenne sa place à la onziéme Chaire du Chœur après le dernier Chanoine reçû, avec défenses, conformément à l'Arrest du Parlement de 1611. de prendre la qualité de Curé, & aux Chapelains de plus faire de scandale, & de prendre autres Places qu'après ledit Colombet, suivant leur ordre de reception. Un plan ou figure des hautes Chaires du Chœur de ladite Eglise du côté gauche. Requeste desd. Chapelains Perpetuels au Chœur & Communauté dudit Saint Germain l'Auxerrois, à ce qu'Acte leur fût donné de l'employ qu'ils font contre la susdite Requeste desdits Doyen, Chanoines & Chapitre & des Pieces jointes à icelles ; ce faisant, les maintenir & garder en la onziéme Chaire, & autres immediatement suivantes selon l'ordre de leur reception, tant ès Heures de l'Office Canonial qu'aux Convois & autres Services Funeraires avant aucun des Chantres, Vicaires stipendiez, Laïcs & autres, & ordonné que la somme de six livres sera restituée auxdits Benoist, Carentan, de la Fosse, Maquerel & le Vieux Chapelains, avec défenses expresses de plus faire pareils Actes que ceux des 6. Juillet 1669. 5. Aoust & 10. Octobre 1672. & 24. Avril 1673. ni disposer d'aucunes choses payées aux dépens de ladite Communauté, ou concernant les affaires & negoces d'icelles, sans qu'au prealable il en ait esté deliberé à la pluralité & égalité des suffrages desdits Chanoines & Chapelains conjointement appellez & assemblez au Lieu Capitulaire ; que ledit de la Fosse comme Agent de ses Confreres sera payé de ses absences depuis l'introduction de l'Instance ; à ce faire le Receveur de ladite Communauté contraint par toutes voyes dûes & raisonnables ; que lesdits Crochet, Fortin & Nigon seront tenus de rendre Compte de la gestion qu'ils ont faite du bien de ladite Communauté en leur pretendue qualité de Receveur, & que pour y proceder conjointement avec lesdits Chapelains, ils seront tenus de communiquer leurs Comptes avec les Pieces justificatives d'iceux aux termes de l'Ordonnance de 1667. Article 9. du Titre 29. pour y estre formez les debats & contestations qu'ils jugeront à propos, desquels Comptes les reliquats seront par eux rapportez sur le Bureau de ladite Communauté, avec défenses auxdits Doyen & Chanoines de proceder seuls à l'élection d'un Receveur commun, ni souffrir qu'ils fassent aucunes fonctions, qu'au prealable il n'ait baillé bonne & suffisante Caution, & Certificateur reçu par
ladite

ladite Communauté Capitulairement affemblée au jour & lieu ordinaire , & pour avoir procedé feuls aux éleétions defdits Crochet , Fortin & Nigon contre l'efprit & la teneur des Règlemens fans lefdites Caution & Certifica-teur , lefdits Doyen & Chanoines condamnez en telle amende qu'il plaira. Que le pretendu Contrat de rembourfement de la fomme de 10000. livres fait par lefdits Chanoines feuls à leur profit, & au prejudice de ladite Com-munauté fera déclaré nul & abufif, avec deffenfes auxdits Chanoines de reci-diver , fauf après la Reddition des Comptes defdits Crochet , Fortin & Nigon de proceder auxdits Rembourfemens des reliquats par lefdits Cha-noines & Chapelains deputez en pareil nombre par ladite Communauté , & voir fi cette fomme de 10000. liv. fe peut juftifier eftre par elle legitimement dûe au Chapitre defdits Chanoines feuls. Que deffenfes feroient faites auxdits Doyen & Chanoines d'empêcher lefdits Chapelains de paffer par au-cunes des portes du Chœur de ladite Eglife , & pour l'avoir fait & maltrai-té grièvement ledit du Buha Prêtre , de coups de bâton & autres voyes de fait , ordonner que les Informations faites à la Requefte defdits Chapelains feront decretées tant contre le nommé Louis , Portier , que contre ceux defdits Chanoines & autres qui fe trouveront complices de ce fait, & renvoyer à cette fin ledit differend pardevant tel Juge qu'il plaira, pour eftre le Procès defdits Delinquans fait & parfait jufqu'à Jugement diffinitif, & que l'établif-fement du Bedeau fait par lefdits Chanoines feuls fera déclaré nul avec def-fenfes auxdits Chanoines de recidiver fans en avoir auparavant deliberé avec lefdits Chapelains & conclu à la pluralité des fuffrages conformément à l'ufage & aux articles 9. & 10. de la Sentence arbitralle du 18. Juillet 1588. Que les tables de ladite Communauté feront retablies en leur premier état , & comme elles eftoient avant le Procès intenté , comme auffi l'Obit de le Charon retabli , & la diftribution de la fomme de 100. livres annuelle reduite par lefdits Chanoines à celle de 20. livres , remife au premier état de ladite fondation , avec défenfes expreffes aux mêmes Chanoines de plus célebrer l'Annuel par luy fondé en faveur defdits Chapelains, dont ils feront tenus nommer l'un d'eux : pour la diftribution duquel Annuel ils feront tenus payer auxdits Chapelains par eux nommez la fomme de trois cens livres confor-mément à la fondation dudit Annuel ; que le nommé de Brie fera tenu de payer la fomme de 1000 livres annuelle pour le loyer de la Maifon où eft pre-fentement demeurant ledit fieur Doyen , dont le Receveur de la Commu-nauté fera obligé de compter du jour de l'Adjudication qui fera declarée nulle , pour y eftre de nouveau procédé après les folemnités en tel cas requi-fes ; que les fommes pour lefquelles lefdits Maquerel & Fortin Chapelains ont efté tirez abfens fur les Tables communes pendant le temps de deux mois par eux requis, leur feront reftituées comme elles ont efté receues par ledit Fortin Chanoine ; à ce faire le Receveur de ladite Communauté contraint , & ledit Fortin tenu prefent pendant le temps de fes études ; que lefdits Phi-

O

lippes Chapelier, Louis Charpentier, François le Clerc, & autres qui feront cy-après promus aux Canonicats de ladite Eglife ayant l'âge fuffifant, feront tenus de prendre l'Ordre de Prêtrife pour fatisfaire à leurs femaines, comme leurs Confreres, & que lefdits Doyen & Chanoines feront tenus payer aux depens de leur Manfe particuliere conjointement avec ladite Communauté, les frais neceffaires & ordinaires à la célebration du Service Divin, fi mieux n'aiment rétablir l'Office Canonial feparé de celuy de ladite Communauté, à leurs dépens & de leurs deniers comme avant ladite Sencence arbitrale, & ainfi qu'il s'étoit pratiqué depuis l'année 1 1 8 3. fuivant le reglement de Maurice Evêque de Paris. Enfuite eft l'Ordonnance du Confeil, ait Acte, & au furplus en jugeant, & foit fignifié le 1 2. Juillet 1 6 7 4. fignifiée le 1 7. defd. mois & an. Copie d'un Acte dudit Chapitre Saint Germain du 1 8. Juin 1 6 6 9. fignifié à Maître Charles Pêchon Chapelain le 2 1. defdits mois & an fur ce qu'il s'étoit mis dans une chaire baffe du Chœur au deffous de la chaire du Chantre avec citation de fe trouver audit Chapitre le Vendredy enfuivant. Acte fignifié à la Requefte defdits Chapelains auxdits Doyen & Chanoines du 2 0. Juin 1 6 6 9. fur la citation faite audit Pêchon audit Chapitre ou Affemblée du Vendredy, & de ce qu'ils auroient fait paffer huit Chanoines aux hautes chaires du côté gauche au lieu de fix fuivant l'ufage, ce qui auroit obligé ledit Pêchon de prendre ladite place, & lefdits Chapelains de prendre fon fait & caufe, d'interjetter Appel comme d'abus, de ce que lefdits Chanoines auroient fait ou pourroient faire contre ledit Pêchon leur Confrere, au bas de laquelle Signification & Acte eft une Proteftation defdits Doyen & Chapitre de fe pourvoir contre iceluy comme remply de difcours calomnieux, ainfi qu'ils aviferont bon eftre. Autre Signification faite auxdits du Chapitre à la Requefte defdits Chapelains du 2 8. Juin audit an, avec fommation de declarer s'ils approuvent les emportemens, actions violentes & voyes de fait & fcandale commis par ledit Colombet Chanoine, le Mardy pendant la Meffe du Saint Sacrement, & en la Sacriftie ès perfonnes defdits Nicolas de la Foffe & Pêchon avec proteftation d'en faire informer conrre ledit Colombet, & ceux qui le protegent. Reponfe defdits du Chapitre qu'ils approuvent ce que ledit Colombet a fait comme ancien Chanoine contre les violences & infolences defd. de la Foffe & Pêchon & fcandale pendant la Meffe, d'empefcher le Diftributeur de paffer, luy tendant la jambe, & eftre venus à la Sacriftie pouffer ledit Colombet, pourquoy ils fe pourvoyroient en temps & lieu. Oppofition defdits Chapelains du 1 6. Juin 1 6 7 0. à la prife de poffeffion & inftallation de Maître Jean Petit Chanoine de ladite Eglife de S. Germain, finon à la quatriéme place & forme des hautes chaires dudit Chœur au fecond rang du côté gauche à compter du côté du grand Autel, comme eftant la place affectée & deftinée au dernier Chanoine dudit côté, & jufqu'à ce que ledit Petit ait entierement fatisfait aux droits defdits Chapelains, s'il ne l'a fait. Autre Sommation de le declarer. Certificat de trois

Chanoines de l'Eglife de Saint Benoift à Paris, du mois de Septembre 1671. que le fieur Doyen de Notre-Dame quand il vient au Chœur d'icelle, qu'il occupe la premiere Place, & le premier Chanoine immediatement après fans aucune diftance ou Chaire vacante, le Vicaire Perpetuel immediatement après le dernier des Chanoines en place fixe, qu'il ne change jamais, & enfuite en la premiere Forme ou Chaire le premier des Chapelains de la Communauté de ladite Eglife, fans aucun intervalle ou difference. Autre Certificat de trois Chanoines de l'Eglife de Paris, que les plus anciens Chanoines s'y placent au Chœur tout proche des Dignitez, fans aucune place vacante entr'eux tant au bas du Chœur que vers l'Autel, & quand il furvient quelque Chanoine de ladite Eglife ou Honoraire ou Beneficier ayant feance au Chœur dans les hautes Chaires, toutes les Dignitez, même lefdits fieurs Doyen & Chantre remontent à leurs places de Dignitez, quand il ne feroit que Ferie ou fimple Fefte; comme aufli qu'il eft permis auxdits Chanoines de l'Eglife de Paris, Grands Vicaires, Chanoines de S. Jean le Rond & de S. Denis du Pas, aux Chapelains & autres dudit Chœur d'entrer par telle Porte qu'il leur plaift, & que l'ufage eft tel. Appel comme d'abus du 6. Juillet 1669. interjetté par lefdits Chapelains de l'Ordonnance ou Placard dudit Chapitre de S. Germain, concernant la Proceffion ordonnée par le fieur Archevêque de Paris leur Superieur & non lefdits Chanoines, & d'un Acte dudit Chapitre du Lundy premier defdits mois & an pour faire paffer des Tables de diftribution communes, fur lefquelles lefdits Chanoines, & fpecialement ledit Colombet fe font faits tenir pour prefens fous pretexte de gain franc pendant leur abfence prefque perpetuelle, notamment dudit Colombet qui eft à fa Treforerie de Metz la meilleure partie de l'année, & ayant refufé la Porte dudit Chapitre auxdits Chapelains à cet effet. Autre appel comme d'abus du neuviéme Aouft 1672. interjetté par lefdits Chapelains de l'Ordonnance dudit Chapitre de S. Germain du 5. Aouft 1672. portant que fi lefdits Chapelains manquent, fans excufe dudit Chapitre, à la Proceffion des Peres Theatins pour la canonization du Bienheureux Cajetan, ils feront privez pendant huit jours des diftributions ordinaires du Chœur, cette Proceffion ne pouvant eftre abfolument que par les ordres dudit fieur Archevêque, & non defdits Chanoines qui fe veulent établir une Jurifdiction, & contre l'autorité dudit Chapitre compofé des Doyen, Chanoines & Chapelains conjointement Capitulans avec égal fuffrage, & payée aux dépens de la Communauté, ce qui ne fe peut fans eftre confenti par l'Affemblée à la pluralité des fuffrages defdits Chanoines & Chapelains, fuivant l'ufage immemorial, & non defdits Chanoines feuls. Deux Actes de proteftation de nullité & appel comme d'abus par lefdits Chapelains des Deliberations defdits Doyen & Chanoines dudit Saint Germain des 18. Octobre 1672. & 14. Avril 1673 & leur pretendue jurifdiction concernant les Proceffions par eux ordonnées au Couvent des Peres Jacobins pour la canonization

O ij

du Pape Pie V. fignifiez auxdits Doyen & Chanoines les 24. dudit mois
d'Octobre 1672. & 22. Avril 1673. Procuration donnée audit Nicolas de la
Foffe par les autres Chapelains dudit S. Germain du 30. Decembre 1672. de
défendre au Confeil, & par-tout ailleurs où befoin fera fur les Sommations
& Arrefts d'évocation des 2. Avril & 20. Mars 1671. & autres obtenus par
lefd. Chanoines. Trois autres Procurations des Chapelains des années 1386.
1387. & 1639. données à leurs Confreres pour pourfuivre leurs affaires concernant leurs Benefices. Sentence renduë par le fieur Evêque de Soiffons
du   portant Reglement entre les Chanoines, Prebendez &
Semiprebendez de l'Eglife de Chaalons en Champagne dans un Cahier imprimé. Copie d'Arreft du Parlement de Paris du 11. Février 1668. de Reglement pour le Chapitre de Senlis, Copie d'autre Arreft dudit Parlement du
16. Avril 1671. par lequel eft ordonné que l'un des Chapelains du Chapitre
de Loches fera tenu pour prefent à caufe de la follicitation des affaires.
Actes d'oppofition & proteftation defdits Chapelains contre les violences
& empêchemens à eux faits par lefdits Doyen & Chanoines d'entrer audit
Chapitre, & pour la reddition des Comptes de la Communauté ; élection
des Receveurs faite par luy fans avoir donné caution & communiqué auxdits
Chapelains les Pieces juftificatives de leurfdits Comptes des 7. Janvier 1670.
10. & 13. Mars 1671. 11. Janvier & 13. Février 1673. & trois Sommations des 12. Novembre & 10. Decembre 1672. & 4. Février 1673. faites à la
requefte des Doyen & Chanoines auxdits Chapelains ou à ceux d'entr'eux
nommez pour l'examen defdits Comptes de s'y trouver. Deux Sentences du
Chaftelet de Paris des 17. Janvier 1607. portant que rachat feroit fait d'une
rente de 150. livres par ladite Communauté. Copie collationnée d'un Contrat de Conftitution du 18. Septembre 1655. de 10000. liv. en principal,
empruntées par ladite Communauté des Chanoines & Chapelains de Maître
Charles Colombet. Requefte prefentée au Parlement par lefdits Chapelains, à ce que pour éviter les conteftations qui pourroient naître avec lefdits Chanoines pour la nomination d'un Procureur au lieu du défunt, il
plût à la Cour leur en bailler un d'office fur laquelle auroit efté mis, Viennent
du 18. Aouft 1670. fignifiée le 19. defdits mois & an. Deux Ajournemens
perfonnels du Chaftelet de Paris obtenus par lefdits Doyen & Chanoines
dudit Saint Germain du 23. Juillet 1670. contre lefdits du Buha & de la
Foffe, & à eux fignifiez lefdits jour & an. Requefte audit Parlement prefentée
par les Chapelains du Chœur & Communauté dudit S. Germain, à ce que les
charges & informations contre eux faites par le Commiffaire Galleran fuffent
apportées au Greffe d'iceluy, au bas de laquelle eft l'Ordonnance du 24.
dudit mois de Juillet, foit fait Commandement au Greffier d'apporter lefdites informations. Arreft du Parlement de Paris du premier Aouft enfuivant, portant défenfes de mettre lefdits Decrets d'Ajournement perfonel à
execution. Oppofition defdits Chapelains du 27. Avril 1672. à l'Adjudica-

tion d'une Maison dans ledit Cloître S. Germain au nommé de Brie, par lesdits Chanoines sans publication au Prône de ladite Eglise. Procuration de Jean Rigault Bourgeois de Paris à Maître Jean du Buha Chapelain de ladite Eglise du 16. May 1672. pour encherir ladite Maison jusques à neuf cens livres par an, signifiée auxdits Doyen & Chanoines le 17. desdits mois & an. Autres offres de la somme de mille livres par chacun an de ladite Maison par le nommé Hussein comme Procureur dudit Rigault signifiées audit de la Fosse le 27. Juin audit an. Sommation à la requeste desdits Chapelains, Protestations & Declarations de repeter contre lesdits Chanoines s'ils adjugent ladite Maison audit de Brie pour la somme de huit cens livres au prejudice dudit Rigault, signifiée auxdits Doyen & Chanoines & audit de Brie le 28. dudit mois de Juin. Autre opposition desdits Chapelains, signifiée le 3. Aoust audit an audit Nigon l'un desdits Chanoines faisant la fonction de Receveur, à ce qu'il n'eût à délivrer audit de Brie la somme de trois cens livres pour peinture & enjolivement de ladite Maison, ou autre accordée ledit jour audit Chapitre de Communauté. Autre opposition desdits Chapelains du 29. Janvier 1672. à la suppression & reduction de l'Obit du feu sieur le Charon Doyen & de l'Annuel par luy fondé comme contraire à la Fondation par luy faite. Copie d'Epitaphe estant au Chœur de ladite Eglise de S. Germain, de Fondation faite en icelle par ledit sieur le Charon Doyen du 15. Juin 1635. Requisitions faites par lesdits Maquerel & Fortin Chapelains des 3. Aoust 1672. & 12. Decembre 1673. & les autres Chapelains comme leurs Confreres pour eux à ladite Communauté de leur accorder deux mois d'absence pour leurs affaires. Autre Requisition dudit Fortin Chapelain faite audit Chapitre du 14. Novembre 1673. pour le temps de ses Etudes. Autre Requeste presentée audit Conseil par lesdits Chapelains fondez au Chœur & Communauté de ladite Eglise de S. Germain l'Auxerrois à fin de reception d'icelle & des Pieces y jointes, & Acte de ce qu'en adherant aux conclusions par eux prises en leur Requeste du 9. May 1674. ils employent ladite Requeste & Pieces, & faisant droit sur icelle ordonner que lesdits Doyen & Chanoines de S. Germain seront tenus de rapporter les Lettres Patentes par eux surprises au mois de Septembre 1673. ce faisant, lesdits Chapelains maintenus & gardés en la possession & jouissance de resigner & permuter leurs Chapelles à toutes sortes de personnes Choristes ou non Choristes, ainsi qu'il a esté cy-devant fait par leurs predecesseurs, & conformément au Reglement du Parlement de Paris de 1625. lequel sera executé, consentant que suivant iceluy vacation arrivant par mort des Titulaires desdites Chapelles, les Vicaires Choristes en soient pourvus selon l'ordre de leur reception. L'Ordonnnance du Conseil du 23. Juillet 1676. la Requeste & Pieces reçues, sauf à en prendre communication par les mains du sieur Rapporteur, & au surplus ait Acte & en jugeant, & soit signifié sans retardation, signifié le 29. desd. mois & an. Consultation & avis signé de treize Avocats du Parlement de Paris le

17. Juillet 1676. Cas proposé, délibéré & signé de dix Docteurs de Sorbonne le 23. dudit mois de Juillet. Copies collationnées de deux Actes de protestation des 6. & 10. Novembre 1633. passées pardevant Notaires au Chastelet de Paris de Maître Pierre Bourdin Prestre & Maître de la Musique de l'Eglise de S. Germain & plus ancien des Vicaires Choristes d'icelle contre ledit Chapitre de S. Germain lorsqu'il fut par luy pourvu de la Chapelle de S. Michel en ladite Eglise pour raisons de quelques Maisons par luy pretendues dépendantes de ladite Chapelle, & dont il avoit donné son

Requeste de Contredits desdits Doyen, Chanoines & Chapitre à la susdite Requeste des Chapelains, à ce qu'Acte leur soit donné de l'employ d'icelle & d'un Acte Capitulaire dudit S. Germain du 4. Aoust 1676. & en consequence sans avoir égard à ladite Requeste desdits Chapelains les conclusions par eux prises au Procès leur soient adjugées; au bas est l'Ordonnance du Conseil du 6. dudit mois d'Aoust, ait Acte, & au surplus en jugeant & soit signifié le 8. desdits mois & an, ledit Acte Capitulaire dudit Saint Germain l'Auxerrois du 4. dudit mois d'Aoust 1676. signé desdits Doyen & Chanoines d'iceluy & Roger Greffier. Autre Requeste desdits Chapelains à fin de reception d'icelle & des Pieces y jointes, & Acte de ce qu'en adherant à leurs conclusions cy-devant prises en leurs Requestes des 9. May 1674. & 29. Juillet 1676. ils employent lesdites Requestes & Pieces pour Réponse à celle desdits Chanoines du 6. dudit mois d'Aoust, dont ils seront deboutez, & de la declaration qu'ils font par leur Acte du 4. dudit mois d'Aoust joint à ladite Requeste; ce faisant, lesdits Chanoines condamnez à rapporter lesdites Lettres Patentes par eux suprises au mois de Septembre 1673. avec expresses defenses de s'en servir; ensuite est l'Ordonnance, la Requeste & Pieces reçues, sauf à en prendre communication par les mains dudit sieur Rapporteur, sans retardation, & soit signifié du 13. dudit mois d'Aoust, signifiée le 14. desdits mois & an. Bulles en Latin & en François. Etat des fonctions que lesdits Chapelains du Chœur & Communauté dudit S. Germain font journellement en la celebration du Service Divin, signé de trois desdits Chapelains. Procès verbal de collation de Titres & Pieces faite par Maître François Galinat Commis au Greffe Civil du Parlement en execution de l'Ordonnance d'iceluy du 31. Decembre 1666. Ecritures & Productions, Requestes & Contredits desdites Parties. Requeste presentée audit Conseil par Hugues Tirement Diacre du Diocese de Paris Chapelain de la Chapelle Saint Eutrope fondée au Chœur & Communauté de ladite Eglise de Saint Germain l'Auxerrois, à ce qu'il plût à Sa Majesté le recevoir Partie en l'Instance d'entre les Doyen, Chanoines, Chapelains, Emanuel Tirement & autres, luy donner Acte de ce que pour toute Production il employe tout ce qui a esté dit & produit par ledit Emanuel Tirement & lesdits Chapelains pour raison du possessoire de ladite Chapelle Saint Eutrope avec les quatre Pieces jointes à ladite Requeste, & en conséquence le maintenir en la possession d'icelle, fruits, pro-

fits, revenus & émolumens, faire défenses de l'y troubler directement ni indirectement & condamner ceux qui insisteront au contraire en tous ses depens,
dommages & interests ; l'Ordonnance estant au bas, soit le Suppliant receu
Partie intervenante, Acte de l'employ, les Pieces communiquées aux Parties
& au surplus en jugeant du 10. Octobre 1676. signifié lesdits jour & an. Provisions obtenuës en Cour de Rome du 22. May 1676. de ladite Chapelle de
Saint Eutrope par ledit Huges Tirement sur la resignation dudit Emmanuel
Tirement. Visa du sieur Archevesque de Paris du 9. Octobre ensuivant sur
lesdites Provisions. Presentation desdites Provisions au Chapitre de Saint
Germain par ledit Hugues Tirement du 10. dudit mois d'Octobre les reque-
rant de le vouloir recevoir & instaler en ladite Chapelle S. Eutrope. Acte
contenant la reponse desdits de Chapitre que lesdites Provisions ont esté
subrepticement obtenuës, le titre de ladite Chapelle estant éteint & suppri-
mé & uni il y a plus de soixante ans pour la subsistance des Enfans de Chœur
de ladite Eglise, & les protestations dudit Tirement au contraire & Actes
d'icelles, octroyé auxdites Parties par Horry Notaire Apostolique. Ensuite
est la prise de possession dudit Hugues Tirement de ladite Chapelle au refus
desdits Doyen, Chanoines & Chapitre en presence dudit Notaire. Autre
Requeste desdits Doyen, Chanoines & Chapitre dudit S. Germain pour réponse à celle dudit Hugues Tirement & Pieces y jointes, par laquelle ils employent ce qu'ils ont écrit & produit en l'Instance, & qu'en consequence ledit
Tirement soit declaré non recevable en sa demande avec depens. L'Ordonnance estant au bas de ladite Requeste, ait Acte de l'employ, & au surplus
en jugeant sans retardation du 22. dudit mois d'Octobre, signifié lesdits jour
& an. Vû aussi l'Avis desdits sieurs Commissaires ; & tout consideré.

I.

LE ROY ESTANT EN SON CONSEIL, conformément audit Avis,
faisant droit sur toutes les Contestations & Requestes des Parties, a ordonné & ordonne que lesdits Chapelains porteront honneur & reverence
auxdits Doyen, Chanoines & Chapitre dudit S. Germain l'Auxerrois comme
à leurs Superieurs & Patrons, & comme ils sont obligez de faire suivant leurs
Provisions & Receptions, lesquels Chapelains les Chanoines traiteront fa-
vorablement.

Superiorité du Chapitre sur les Chapelains.

II.

A receu & reçoit lesdits Doyen, Chanoines & Chapitre opposans à
l'Arrest du Parlement de Paris du 20.Fevrier 1658.& a declaré & declaré ledit
Contrat d'Union du 9. dudit mois de Fevrier fait entre lesdits Chapelains nul,
leur fait Sa Majesté deffenses de s'en servir, ni de s'assembler à peine de
privation de leurs distributions, sauf auxdits Chapelains en cas de plaintes
à l'encontre desdits Doyen, Chanoines & Chapitre, de se pourvoir pardévant
le sieur Archevesque de Paris, où son Official.

Le Contrat d'Union des Chapelains cassé.

III.

Les Chapelains exclus du droit de Committimus.

Et pour ce qui concerne le droit de *Committimus* prétendu par lefdits Chapelains, a ordonné & ordonne que le Corps dudit Chapitre, les Doyen, Chantre & le plus ancien defdits Chanoines joüiront feulement dudit droit de *Committimus*, conformément à l'article 14. de l'Ordonnance du mois d'Avril 1669. nonobftant & fans avoir égard aux Lettres Patentes du 30. Avril 1659. & Arreft de verification d'icelles.

IV.

Ordre des féances du Chœur.

ORDONNE SA MAJESTE' que lefdits Doyen & Chantre occuperont aux jours folemnels la premiere chaire de chacun côté du Chœur de ladite Eglife, & aux jours ordinaires la feconde ; & enfuite defdits Doyen & Chantre tous lefdits Chanoines occuperont les autres chaires des deux côtez felon leur rang & ordre d'antiquité ; & après le dernier defdits Chanoines du côté gauche, le Vicaire perpetuel, & les autres places fuivantes defdits deux côtez feront occupées par lefdits Chapelains, & après lefdits Chapelains les Vicaires Choriftes occuperont les chaires qui pourront refter ainfi qu'ils ont accoûtumé.

V.

Les Chapelles deffervies au Chœur declarées Prefbyterales.

SA MAJESTE' a declaré & declare lefdites Chapelles fuivant leurs fondations presbyterales, fans qu'elles puiffent eftre à l'avenir poffedées que par des Preftres ; ordonne que ceux qui poffedent à prefent lefdites Chapelles, feront tenus de fe faire promouvoir aux Ordres dans trois mois ; finon & à faute de ce faire qu'il y fera pourveu.

VI.

Affectation des Chapelles aux Chantres fans pouvoir eftre refignées à l'avenir.

Et ne pourront cy-après lefdites Chapelles eftre refignées ; pourront neanmoins ceux qui font à prefent pourveus defdites Chapelles, les refigner une fois feulement à perfonnes fuffifantes & capables, fans que ceux qui les poffederont en vertu defdites premieres refignations les puiffent cy-après refigner ; & vacation advenant d'icelles, elles feront conferées par lefdits Chanoines & Chapitre au plus ancien defdits Vicaires Choriftes, fans prejudice toutefois des droits des Graduez, lefquels pourront requerir lefdites Chapelles, lorfqu'elles vacqueront par mort pendant les quatre mois qui leur font affectez, aux droits defquels Sa Majefté a maintenu & gardé lefdits Recteur, Graduez, Doyen & Suppofts de l'Univerfité de Paris, & feront à l'effet que deffus toutes Lettres à ce neceffaires expediées pour eftre regiftrées tant au Parlement de Paris qu'au Grand Confeil, & les Lettres du mois de Septembre 1673. rapportées pour eftre reformées conformément à ce qui eft porté par le prefent Arreft.

VII.

Les Chapelains tenus d'acquiter les

Seront lefdits Chapelains tenus de dire & celebrer les Meffes aufquelles ils font obligez par la fondation de leurs Chapelles, fans qu'ils en puiffent dire ni prendre d'autres Meffes ailleurs, ès jours efquels ils y font obligez, &

en

en cas que lefdites Fondations ne fuſſent pas ſuffiſantes pour l'entretien deſ- Meſſes de
Fondation.
dits Chapelains ; ils ſe retireront pardevers ledit fieur Archevêque de Paris ,
pour regler le nombre des Meſſes qu'ils doivent acquiter ſuivant le revenu ;
& à cet effet repreſenteront pardevant luy les Baux & Etats des Revenus deſdites Chapelles.

VIII.

Feront leſdits Chapelains reſidence actuelle & continuelle pour déſervir Réſidence des
Chapelains.
au Chœur de ladite Egliſe , & aſſiſter aux Heures du Service Divin , ſans pouvoir dire les Meſſes ni Confeſſer pendant iceluy , & ſans que pour raiſon
d'autres Benefices , ils puiſſent eſtre excuſez de reſidence & aſſiſtance audit
Service ; ſauf en cas qu'il leur ſurvint quelques affaires , de ſe retirer pardevant
leſdits Doyen , Chanoines & Chapitre pour en obtenir Diſpenſe , & où ils Autorité du
Chapitre ſur
les Chapelains
pour les gra-
ces, & peines.
manqueroient à l'aſſiſtance dudit Service Divin ſans congé & permiſſion ,
pourront ledits Doyen , Chanoines & Chapitre les mander & faire venir
au lieu où ſe tient ordinairement le Chapitre , pour les admoneſter & les pu-
nir par privation de leurs Diſtributions , s'il y échet , & où ils feroient en plus
grande contumace , leſdits Doyen , Chanoines & Chapitre pourront leur
impoſer telles peines de droit qu'ils jugeront , ſauf auxdits Chapelains à ſe
pourvoir en cas d'excès pardevant ledit fieur Archevêque de Paris , ou ſon
Official.

IX.

Seront auſſi tenus tant leſdits Doyen , Chanoines que Chapelains d'aſſiſter Aſſiſtance à
l'Office Divin,
à toutes les Prieres des Fondations , Saluts , Oraiſons où ſe font des diſtri-
butions du Pain , autrement ne pourront pretendre leſdites diſtributions ,
même feront tenus d'aſſiſter aux Matines , ſelon qu'ils y ſont obligez par les
Decrets & Conſtitutions Canoniques ; ainſi qu'il eſt porté par ladite Sentence
Arbitrale du 18. Juillet 1588. & feront tant leſdits Doyen , Chantre , Chanoines , Chapelains & Vicaires , tenus de garder & entretenir le Chapitre
& Canon du Concile de Baſle , *Quomodo Divinum Officium ſit celebrandum* , &c.
Et pour conſerver la décence dûe dans l'Egliſe , les mereaux ne feront diſtribuez ni repris dans icelle , mais au lieu d'iceux , le Pointeur demeurera
pour marquer les preſens & abſens , pour y avoir égard lors des diſtributions ,
ſans toutefois qu'il puiſſe marquer pour preſens , ceux leſquels n'auront
aſſiſté à tout le Service Divin , & à cet effet pointera après le Service ſeulement , & feront les diſtributions des abſens partagées entre ceux qui auront eſté preſens.

X.

Leſdits Chanoines feront tenus de dire & celebrer les hautes Meſſes , les Les hautes
Meſſes du
Chœur.
jours de Dimanches & Feſtes de l'année eux-mêmes & ès autres jours ou-
vrables , & où ils ne ſe trouveroient diſpoſez à faire le Service , le pourront
faire dire par leurs Vicaires qu'ils feront tenus de choiſir de bonne vie ,
ſuffiſans & capables , leſquels feront par eux ſtipendiez , pour le regard deſ-

P.

dites Meſſes , ſans qu'ils le puiſſent eſtre ſur le revenu de la Communauté.

XI.

ORDONNE SA MAJESTE' conformément à ladite Sentence arbitrale du 18 Juillet 1588. & homologation d'icelle du 14. Mars 1595. & Arreſt du Parlement de Paris du premier Avril 1664. que leſdits Chapelains feront les fonctions de Diacre & Soûdiacre , & porteront Chappes ſuivant qu'ils ſeront couchez ſur les tables, qui ſeront dreſſées par le Chantre de ladite Egliſe le Samedy de chacune ſemaine , & appoſées au lieu accoutumé, dont ils ſeront neanmoins avertis par le ſerviteur dudit Chapitre, à la charge d'en uſer moderément par ledit Chantre , & ſans que leſdits Chapelains ſoient aſtraints aux fonctions de Diacre & Soûdiacre , ſinon lorſque leſdits Doyen & Chanoines de ladite Egliſe celebreront ; Ordonne en outre Sa Majeſté que quand leſdits Chapelains porteront Chappes, leſdits Doyen & Chanoines ſeront ténus de ſatisfaire à leurs Annonces, & non les Chantres Choriſtes : Et au cas que leſdits Chapelains ne vouluſſent obeïr à ce que deſſus, qu'ils ſeront privez pour la premiere fois de leurs diſtributions pendant huit jours, pour la ſeconde pendant un mois, & pour la troiſiéme pendant trois mois, ou de plus grande peine s'il y échet, ſauf en cas d'excès à ſe pourvoir pardevant ledit ſieur Archevêque de Paris, ou ſon Official ; Et cependant ce qui ſera arreſté par ledit Chantre , ſera executé nonobſtant oppoſitions ou appellations juſques à ce que par ledit ſieur Archevêque, ou ſon Official autrement en ait eſté ordonné.

XII.

Que toutes les fois qu'il faudra traiter des affaires de Communauté, Convocation ſera faite des Chapelains, & ſera pris à cet effet une Chambre telle qu'il ſera aviſé par leſdits Doyen, Chanoines & Chapelains, autre toutefois que le lieu où ſe tient le Chapitre, laquelle Chambre ſera appellée Chambre de Communauté, & non Chapitre de Communauté, & en icelle les affaires & negoces d'icelle Communauté ſeront traitées le Mardy de chacune ſemaine à ſept heures du matin ; les Chapelains qui ſe trouveront en l'Egliſe ou en leurs Maiſons clauſtrales appellez vocalement ou au ſon de la cloche, ainſi que par leſdits Chanoines ſera ordonné ; auquel lieu ſeront mis des bancs ou ſieges derriere leſdits Chanoines, pour y aſſeoir leſdits Chapelains ſi bon leur ſemble , & auront tous leſdits Chapelains Voix déliberative pour les affaires & negoces de ladite Communauté ſeulement, à la pluralité deſquels tant deſdits Doyen, Chanoines que Chapelains ſera conclu ; en laquelle Aſſemblée preſidera le Doyen dudit Chapitre, & en ſon abſence le plus Ancien Chanoine ; ſans toutefois que la ſeance en ladite Chambre de Communauté puiſſe prejudicier aux droits & prerogatives dudit Chapitre ailleurs qu'en ladite Chambre, de laquelle il y aura deux clefs, l'une deſquelles ſera en la garde deſdits de Chapitre , & l'autre deſdits Chapelains.

(marginal notes)

Les Chapelains tenus de faire les fonctions de Diacre & Soûdiacre & porter Chappes.

Privation des diſtributions.

Autorité du Chantre ſur les Chapelains au Chœur.

Chambre de Communauté.

Seance des Chapelains.

X I I I.

Le Greffier sera tenu d'avoir un Regiftre particulier numeroté & para-
phé par deux Chanoines & deux Chapelains, pour les affaires qui fe traiteront en ladite Chambre, & les déliberations feront reliées auparavant que
d'eftre inferées dans ledit Regiftre, foit le mefme jour qu'elles auront efté prifes, fi faire fe peut, finon en l'Affemble fuivante, & lefdites Déliberations
fignées fur ledit Regiftre par celuy qui y aura prefidé, & fans qu'elles puiffent
eftre écrites fur des feüilles volantes, & ledit Greffier délivrera Acte des Dires,
Oppofitions, Remontrances & autres Conclufions & Ordonnances de ladite
Affemblée à ceux qui les requerront.

Regiftre de Communauté

X I V.

Que vacation arrivant par mort, démiffion ou autrement dudit Greffier
de Communauté qui eft à prefent, lefdits Chapelains feront appellez à l'é-
lection d'un autre, qui fera élu en la Chambre de ladite Communauté à la
pluralité des voix defdits Doyen, Chanoines & Chapelains.

Election du Greffier de Communauté.

X V.

Que les Contracts d'acceptation de Fondations & de Rentes leguées à ladite Communauté feront acceptées par lefdits Doyen, Chanoines & Chapitre
feuls, fans que lefdits Chapelains y foient appellez.

Acceptation de fondations par le Chapitre feul.

X V I.

Les Titres, Fondations, Dotations, Bien-faits & Enfeignemens, Comptes
& Regiftres concernans ladite Communauté, feront inventoriez en prefence
defdits Doyen, Chanoines & Chapelains, pour eftre mis en un coffre, dans
lequel feront auffi mis les deniers procedans des rachapts de rentes & reliquats des comptes de ladite Communauté, duquel coffre il y aura trois clefs
& trois ferrures, fçavoir une pour le Doyen de ladite Eglife, une autre pour
un defdits Chanoines, & l'autre délivrée à tel defdits Chapelains qui fera
par eux élu, & demeurera ledit coffre en ladite Chambre de Communauté
s'il n'en eft autrement avifé par lefdits Doyen, Chanoines & Chapelains
pour la feureté defdits deniers.

Inventaire des Titres de Communauté.

X V I I.

Et feront lefdits Chanoines & Chapelains tenus refpectivement de reprefenter les Titres, Comptes & Regiftres concernans les affaires & biens
de ladite Communauté, qui font en leurs poffeffions & fe purger par ferment
qu'ils n'en ont d'autres, duquel coffre lefdits Titres ne pourront eftre tirez
fans le confentement defdits Chanoines & Chapelains, mais feulement en
feront faits extraits ou copies collationnées en prefence defdites Parties, ou
pour ce faire deuëment appellez.

Reprefentation des Titres de Communauté.

X V I I I.

Seront pareillement tenus lefdits Chapelains de rendre l'Original de la
Charte de Maurice Evêque de Paris de l'an 1183. celle dudit Chapitre de
faint Germain de l'an 1225. fcellée du fceau d'iceluy, les Titres & Fondations

Reftitution de Titres par les Chapelains.

de la Chapelle de S. Michel fondée par Guillaume Triſtan en 1 3 3 8. confirmée en 1 3 4 0. enſemble les Titres & Fondations qu'ils ont de leurs Chapelles , pour eſtre remiſes aux Archives dudit Chapitre, ſauf auſdits Chapelains à en retenir copies collationnées, enſemble de reſtituer tous les autres Titres de la-dite Egliſe qu'ils ont entre les mains , dont ils ſeront tenus de faire declara-tion , & de ſe purger par ſerment où ils ſont , & s'ils en detiennent d'autres que ceux qu'ils repreſenteront.

XIX.

Les Vicaires Choriſtes ont part à la Communau-té. A l'égard des diſtributions accouſtumées eſtre faites au Chœur de ladite Egliſe , les Vicaires participeront au revenu de ladite Communauté, com-me ils ont cy-devant fait.

XX.

Officiers de la Commu-nauté. Les Diſtributeurs, Receveurs & Payeurs ſoit pour les deniers, ou pour le pain de ladite Communauté, Procureurs au Parlement & Chaſtelet, & autres Officiers prenans gages & ayant charge d'icelle, ne pourront eſtre nommez & commis, ſinon par l'avis, & à la pluralité deſdits Doyen, Cha-noines & Chapelains, après que leſdits Chapelains qui ſe trouveront à l'Egliſe ou en leurs maiſons clauſtralles auront eſté appellez & convoquez au ſujet de ladite élection en la Chambre de Communauté, ſauf au cas qu'il y euſt cy-après differend entre leſdits Chanoines & Chapelains, de prendre chacun de leur part tels Procureurs qu'ils voudront choiſir.

XXI.

Lods & Ven-tes. Leſdits de Chapitre auront & prendront les deux tiers de Lods & Ventes & Droits Seigneuriaux, des Maiſons & Heritages eſtant de ladite Commu-nauté comme ils ont cy-devant fait.

XXII.

Baux des maiſons de Communau-té. Que ſix mois avant l'expiration des Baux des Maiſons appartenantes à ladite Communauté, tant dedans que dehors le Cloiſtre, le prix & eſtimation du loüage en ſera fait en ladite Chambre de Communauté par les Chanoi-nes & Chapelains d'icelle, & Affiches ſeront miſes aux lieux ordinaires & accouſtumez, & les Encheres reçeuës en ladite Chambre ſur le prix & arreſté d'icelles ſans aucun pot de vin , pour eſtre celles qui ſont dans ledit Cloiſtre, adjugées au plus offrant & dernier encheriſſeur tant deſdits Chanoines que Chapelains, & ne pourront eſtre baillées à loüage à gens Laïques, & quant aux autres maiſons ſiſes hors le Cloiſtre, chacun ſera reçeu à encherir le loüage d'icelles indifferemment.

XXIII.

Baux de la-dite Commu-nauté au nom du Chapitre ſeul. Et ſeront les Baux deſdites Maiſons paſſez & ſignez par leſdits Doyen, Cha-noines & Chapitre, & ſera exprimé dans iceux que leſdits Doyen, Cha-noines & Chapitre ont pris & reçeu l'avis deſdits Chapelains de la Com-munauté pour ce mandez & appellez & aux qualitez ordinaires & en la forme & maniere accouſtumée.

XXIV.

Qu'à l'avenir lefdites Parties ne pourront élire ny commettre pour Receveur de ladite Communauté, qu'une perfonne qui baillera bonne & fuffifante Caution, & Certificateur, à peine d'en répondre par les Nominateurs en leurs propres & privez Noms.

Receveur de Communauté.

XXV.

Que de trois ans en trois ans il fera éleu à la pluralité des voix un Chanoine & un Chapelain alternativement pour Agent, & un Chanoine & un Chapelain pour agir conjointement.

Agent de la Communauté.

XXVI.

Et que le Receveur du bien particulier du Chapitre ne le pourra eftre de la Communauté.

Receveur de Communauté different de celuy du Chapitre.

XXVII.

Le Receveur de ladite Communauté fera tenu de rendre compte tous les ans du bien & revenu d'icelle, & de le prefenter & affirmer en ladite Chambre, pour l'examen duquel feront deputez trois Chanoines & deux Chapelains qui en feront leur rapport, & fera inceffamment arrefté, & l'état final mis fur iceluy en ladite Chambre de Communauté en un jour particulier, & les originaux defdits comptes mis dans les Archives d'icelle.

Reddition de comptes de Communauté.

XXVIII.

Tous les Actes concernans les affaires de ladite Communauté fe feront avec la participation defdits Chapelains en la Chambre commune d'icelle en la maniere accouftumée.

Actes de Communauté.

XXIX.

Dans tous les Actes & Procedures aufquelles les Chapelains feront mention des Doyen & Chanoines, ils y ajoûteront le mot de Chapitre.

Le terme de Chapitre infeparable des Doyen & Chanoines.

XXX.

Que lefdits Chapelains feront tenus de venir, & fe prefenter au Chapitre, lorfqu'ils y feront mandez, où ils fe tiendront debout, & fans y prendre feance, fans qu'ils puiffent s'affembler entre eux pour raifon des Mandemens d'iceluy,

Les Chapelains tenus de comparoitre debout au Chapitre. Deffenfe de s'affembler.

XXXI.

Quant aux Tables de ladite Communauté elles feront faites fuivant l'ufage ancien, & en la forme contenuë ès Tables produites par lefdits Doyen, Chanoines & Chapitre.

Tables de Communauté

XXXII.

FAIT SA MAJESTE' défenfes aufdits Doyen, Chanoines & Chapitre de prendre defdits Chapelains à l'avenir aucuns droits d'entrée, fans reftitution pour le paffé.

Reception des Chapelains.

XXXIII.

Et au furplus feront les Sentences arbitrales des 18. Juillet 1588. d'omologation d'icelle du 14. Mars 1595. & 1. Mars 1599. executées felon leur for-

Confirmation de la Sentence arbitrale.

P iij

me & teneur pour toutes les chofes non reglées par le prefent Arreft.

XXXIV.

Et faifant droit fur les Requeftes refpectivement prefentées par ledit fieur Colombet, & lefdits Doyen, Chanoines & Chapitre dudit S. Germain l'Auxerrois, Sa Majefté a mis & met les Parties hors de Cour & de procès, fauf audit Colombet à fe pourvoir pardevant les Juges ordinaires pour raifon des Diftributions deuës audit feu fieur Colombet fon frere, défenfes au contraire.

XXXV.

Gain franc du Fourier de la Mufique.

ORDONNE que faifant droit fur la demande dudit Nicolas de la Foffe l'un defdits Chapelains & Fourier de la Mufique de Sa Majefté, qu'il fera mis fur les Tables comme plein gagnant pendant fon fervice en ladite Mufique, à la referve des diftributions manuelles qui fe font pendant le Service divin au Chœur de ladite Eglife, & fera payé de ce qui luy peut eftre cy-devant deub à caufe des abfences qu'il a faites pendant le temps de fon fervice en ladite Mufique.

XXXVI.

Unions de Chapelles confirmées.

Et faifant droit fur l'Inftance d'entre lefdits Emanuel & Hugues Tirement, & Watelet, & lefdits Doyen, Chanoines & Chapitre, & lefdits Chapelains, & le Recteur & Suppofts de l'Univerfité de Paris Intervenans, Sa Majefté fans avoir égard à ladite intervention a debouté & deboute lefdits Emanuel & Hugues Tirement, watelet, & Chapelains de leurs appellations comme d'abûs, les a déclarés non recevables & mal fondez en leurs demandes, ordonne que l'Arreft du grand Confeil du 19. Septembre 1616. enfemble les Sentences d'Union des fieurs Evêques de Paris des 25. Aouft 1476. 18. Fevrier 1603. Lettres Patentes de ladite année 1603. & 15. Janvier 1616. données en confequence, feront executées felon leur forme & teneur, ce faifant a maintenu & gardé lefdits Doyen, Chanoines & Chapitre en la poffeffion defdites deux Chapelles de S. Jacques & de S. Eutrope unies & incorporées à leur Manfe Capitulaire, pour le revenu d'icelles eftre employé à la nourriture & entretien de fix Enfans de Chœur, un Maître d'iceux, & un Serviteur, avec défenfes aufdits Tirement & Watelet, Chapelains, Recteur & Suppofts de ladite Univerfité de les y troubler.

XXXVII.

Chapelains maintenus.

Et fans avoir égard à la demande defdits Turgot & Caron Vicaires Choriftes, Doyen, Chanoines & Chapitre de ladite Eglife de faint Germain l'Auxerrois, & intervention defdits Recteur, Doyen & Suppofts de ladite Univerfité de Paris, Sa Majefté a maintenu & gardé ledit Charles Duval en la poffeffion & joüiffance de ladite Chapelle de S. Jean-Baptifte deffervie au Chœur de ladite Eglife, fruits & revenus d'icelle depuis fa prife de poffeffion, fans préjudice du droit des Graduez en autre caufe, & à la charge que ledit Duval fe fera promouvoir dans trois mois à l'Ordre de Prêtrife. Con-

Maître Char-

damne lefdits Doyen , Chanoines & Chapitre au payement de la fomme les Duval fera Preftre dans trois mois. de 422. livres adjugée audit Caron par ledit Executoire du 17. Janvier 1674.

XXXVIII.

Comme auſſi Sa Majeſté a maintenu & gardé ledit Ambroiſe Benoiſt en la poſſeſſion & jouïſſance de ladite Chapelle de Noſtre-Dame & de S. Jean, déſervie au Chœur de ladite Egliſe, fruits & revenus d'icelle, depuis ſa priſe de poſſeſſion, nonobſtant & ſans avoir égard à la demande deſdits Turgot, & Chaperon Maître des Enfans de Chœur d'icelle.

XXXIX.

Et ſur la demande deſdits le Maître , Turgot, le Comte , Vicaires Cho-riſtes, Doyen , Chanoines & Chapire , à l'encontre dudit Louis Piettre , a ordonné & ordonne, que les Traitez & Concordats faits entre les Parties feront executez, & ledit Piettre tenu de faire valoir ladite Chapelle de Sainte Catherine ſize à Beauvais juſques à la ſomme de 100. livres par chacun an, & en conſequence a maintenu & gardé , maintient & garde ledit Piettre en la poſſeſſion & jouïſſance de la Chapelle de Saint Jacques déſervie au Chœur de ladite Egliſe Saint Germain, fruits & revenus d'icelle depuis ſa priſe de poſſeſſion.

XL.

Et ſur toutes les autres demandes & prétentions tant deſdits Doyen , Chanoines, Chapitre & Chapelains, Meſnager, Gilles de la Foſſe, & Ni-colas de la Foſſe , Maquerel, Fortin, Carentan, Péchon, Chambrehault, & toutes autres appellations comme d'abus interjettées par leſdites Parties, Sa Majeſté les a mis & met hors de Cour & de Procès, tous dépens dommages & intereſts compenſez.

XLI.

Et ſera le preſent Arreſt executé nonobſtant oppoſitions ou appellations quelconques, dont ſi aucunes interviennent, Sa Majeſté s'en eſt reſervé L'execution du preſent Arreſt reſervée au Roy. la connoiſſance à ſoy & à ſondit Conſeil ; Ordonne à cet effet en cas de conteſtation en execution d'iceluy entre leſdits Doyen , Chanoines, Chapi-tre & Chapelains, que les Parties remettront leurs Pieces , Titres & Mémoi-res pardevers leſdits ſieurs Archevêque de Paris, Poncet, Boucherat, & de Contes , pour ſur leur Avis y eſtre pourveu par Sa Majeſté , ainſi qu'il appartiendra par raiſon. Fait au Conſeil d'Eſtat du Roy Sa Majeſté y eſtant, tenu à Saint Germain en Laye, le quatorziéme jour du mois de Novembre 1676. Signé , COLBERT.

De l'Imprimerie de C.L. THIBOUST, Place de Cambray, 1733.

www.ingramcontent.com/pod-product-compliance
Lightning Source LLC
Chambersburg PA
CBHW071200200326
41519CB00018B/5298